Couverture inférieure manquante

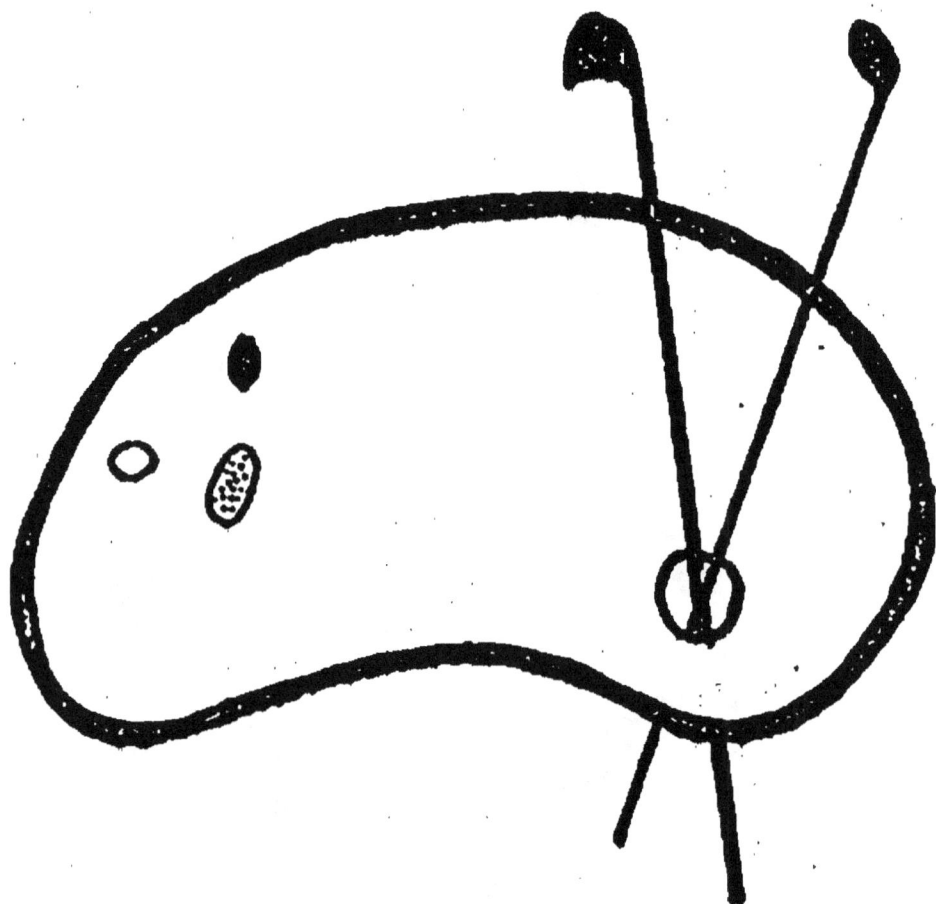

DEBUT D'UNE SERIE DE DOCUMENTS
EN COULEUR

LE CHATEAU

DE

CHENONCEAU

NOTICE HISTORIQUE

PAR

Mgr C. CHEVALIER

Camérier secret de Sa Sainteté, Clerc national du Sacré-Collège pour la France,
Chevalier de la Légion d'honneur, Officier de l'Instruction publique,
Président honoraire de la Société archéologique de Touraine,
Secrétaire perpétuel honoraire de la Société d'Agriculture, Sciences,
Arts et Belles-Lettres du département d'Indre-et-Loire,
Lauréat de l'Institut, etc. etc.

Le chastel de Chenonceau est une belle place
et maison assise sur la rivière de Cher en beau
et plaisant pays.   FRANÇOIS Ier.

Le chasteau de Chenonceau est assis en un des
meilleurs et plus beaulx pays de nostre royaulme.
HENRI II.

Chenonceau est un lieu à la décoration et embellissement duquel nostre défunte mère s'est
plus que à nul autre affectée et délectée.
HENRI III.

Cinquième édition

REVUE ET COMPLÉTÉE PAR L'AUTEUR

TOURS

IMPRIMERIE PAUL BOUSREZ

5, RUE DE LUCÉ, 5

—

MDCCCLXXXII

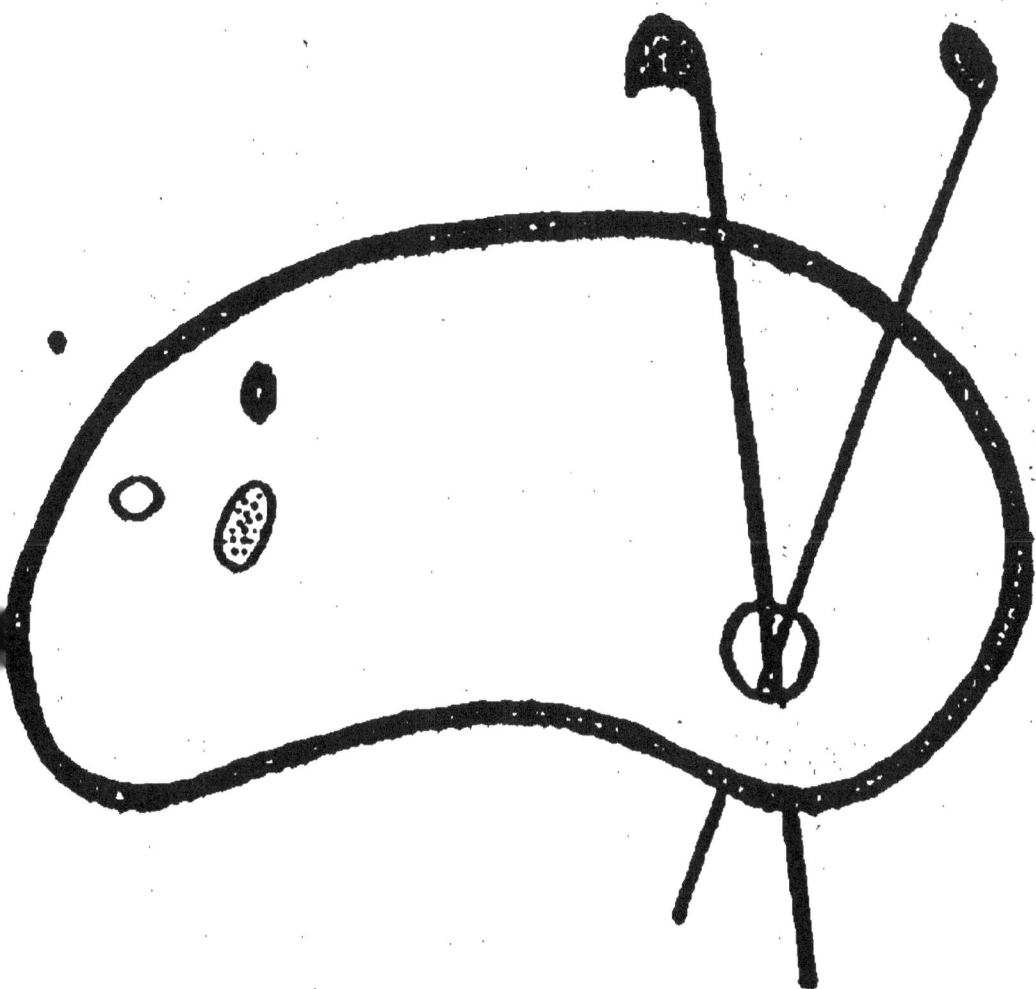

FIN D'UNE SERIE DE DOCUMENTS
EN COULEUR

LE CHATEAU

DE

CHENONCEAU

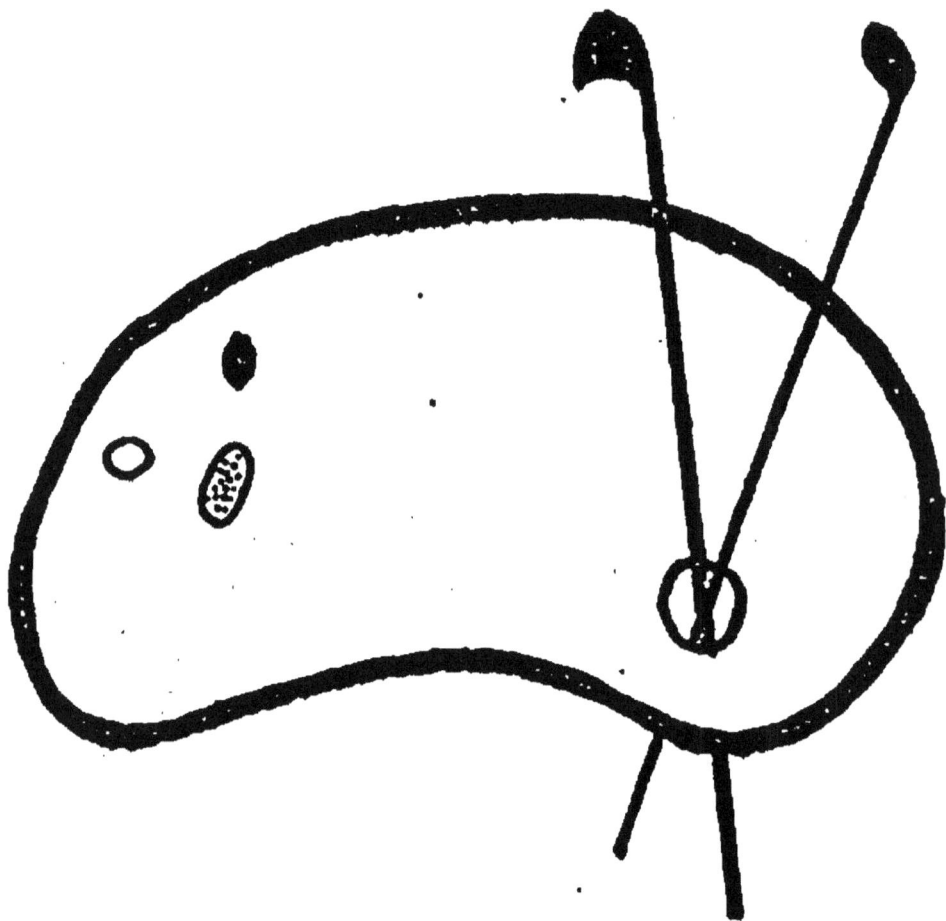

ORIGINAL EN COULEUR
NF Z 43-120-8

LE CHATEAU

DE

CHENONCEAU

NOTICE HISTORIQUE

PAR

Mgr C. CHEVALIER

Camérier secret de Sa Sainteté, Clerc national du Sacré-Collège pour la France,
Chevalier de la Légion d'honneur, Officier de l'Instruction publique,
Président honoraire de la Société archéologique de Touraine,
Secrétaire perpétuel honoraire de la Société d'Agriculture, Sciences,
Arts et Belles-Lettres du département d'Indre-et-Loire,
Lauréat de l'Institut, etc. etc.

Le chastel de Chenonceau est une belle place
et maison assise sur la rivière de Cher en beau
et plaisant pays.   FRANÇOIS Ier.

Le chasteau de Chenonceau est assis en un des
meilleurs et plus beaulx pays de nostre royaulme.
                                   HENRI II.

Chenonceau est un lieu à la décoration et embellissement duquel nostre défunte mere s'est
plus que à nul autre affectée et délectée.
                                   HENRI III.

Cinquième édition

REVUE ET COMPLÉTÉE PAR L'AUTEUR

TOURS

IMPRIMERIE PAUL BOUSREZ

5, RUE DE LUCÉ, 5

MDCCCLXXXII

A

M. DANIEL WILSON

HOMMAGE EMPRESSÉ DE L'AUTEUR

AVANT-PROPOS

Par un heureux privilége, le nom de Chenonceau n'éveille dans l'imagination que des souvenirs agréables, que des images riantes, en parfaite harmonie avec l'admirable nature qui encadre ce merveilleux tableau. Tous les autres châteaux du voisinage ne rappellent trop souvent que des scènes douloureuses. Blois porte au front la tache du sang des Guise ; Chaumont n'a été, pendant des siècles, qu'un nid de vautours ; Amboise ne peut se séparer de la mémoire de la Renaudie et de ses malheureux conjurés ; Loches a sa cage de fer et ses sombres cachots, où gémirent tant de victimes de la guerre et de la politique ; le Plessis-lez-Tours, dans sa désolation, nous montre encore l'austère figure de Louis XI et de son compère Tristan. Chenonceau seul n'a point de sang sur ses pierres ; tout entier à cette riante nature qui l'entoure, jamais il n'a été mêlé aux tristes événements de la politique ; de ses voûtes il ne s'est jamais échappé de gémissements, et tout en lui ne nous parle que d'art et de beauté, de fêtes et de plaisirs.

Et quelle histoire charmante que la sienne dans les traits principaux! Quelle suite aimable de châtelains et surtout de châtelaines! Une femme éminente, douée au plus haut degré du sentiment de l'art, ouvre la série : c'est Catherine Briçonnet, la véritable fondatrice de Chenonceau. Après elle, François I⁽ᵉʳ⁾ inaugure l'ère de ces fêtes et de ces visites royales qui vont se succéder pendant huit générations de rois jusqu'à Louis XIV. Diane de Poitiers y apporte l'éclat vainqueur de son éternelle jeunesse. La touchante Marie Stuart vient y passer les jours les plus doux de sa vie agitée. Catherine de Médicis y règne pendant trente ans, grave, hautaine, et pourtant escortée des jeux et des ris. La reine Marguerite y foldtre avec l'escadron volant qui entoure sa mère. Après les orgies des banquets de Catherine, Louise de Vaudemont y vient ensevelir son deuil et sa douleur. Gabrielle d'Estrées y suit Henri IV et rêve de l'acheter. Marie de Luxembourg et Françoise de Lorraine, au milieu de leur couvent de Capucines, y cachent les déceptions de la politique. La belle la Vallière s'y rattache, comme à son berceau, par d'intimes souvenirs de famille. Laure Mancini y accompagne son oncle, le cardinal Mazarin, pour y tendre aux Vendôme les filets d'une intrigue matrimoniale. Enfin Mme Dupin y amène avec elle les grâces et l'esprit du XVIIIe siècle.

Les arts se mêlent naturellement à ce brillant cortège de femmes, et l'on voit passer tour à tour sur la silhouette du château : l'homme de génie inconnu qui donne les plans de Chenonceau; Philibert de l'Orme, qui en construit la galerie et les Dômes; Cardin de Valence, qui en établit les fontaines; Bernard Palissy, qui en plante les jardins et les orne de rocailles émaillées; les deux jardiniers étrangers, Henri le Calabrese et Jehan Collo de Messine, qui introduisent dans les parcs le goût italien; le Primatice, qui en ordonne les fêtes, en dessine les costumes et modèle les statues; les poètes de Charles IX, qui y chantent leurs vers; et quand Rousseau vient à son tour y faire entendre sa voix, cette voix qui va bientôt déchaîner les tempêtes, il n'y parle ni du contrat social ni des droits de l'homme, mais seulement de plaisir, de musique et de poésie. Tous ces souvenirs jettent sur le front de Chenonceau je ne sais quel reflet poétique, quelle auréole charmante, qui en doublent la grâce et l'attrait.

C'est cette histoire que nous voudrions raconter en quelques pages rapides. Établi de 1857 à 1869 à la cure de Civray-sur-Cher, dans le voisinage immédiat du château, et introduit pour ainsi dire chaque jour dans l'intimité du monument, nous n'avons pas tardé à en subir le charme et à nous prendre pour lui d'une belle passion. Cette passion pour une des plus splendides merveilles de la Renaissance française nous a conduit à en rechercher l'histoire, et, pour l'étudier, nous avons fouillé les chroniques et les mémoires

du XVI⁰ et du XVII⁰ siècle, et les correspondances du XVIII⁰.
Les notes nombreuses que nous avons recueillies dans nos lectures
historiques ont passé dans la substance de notre récit.

Mais notre source d'informations la plus abondante, la plus
remarquable et la plus sûre s'est rencontrée à Chenonceau même,
dans les archives du château, archives que l'on croyait entièrement
détruites, et que, par une bonne fortune qui est un des honneurs
de notre vie littéraire, nous avons eu la joie de retrouver, oubliées
et méconnues, dans un coin de l'ancienne Chancellerie. Malgré des
pertes considérables, le chartrier de Chenonceau n'en constitue pas
moins aujourd'hui une des plus riches et des plus précieuses collec-
tions d'archives particulières que l'on connaisse en France. Cette
collection se compose de plus de cinq mille pièces, dont quelques-
unes fort volumineuses, distribuées en cent quarante registres
in-quarto et in-folio, soigneusement reliés. Les documents com-
mencent avec le XIII⁰ siècle, et se poursuivent, pour ainsi dire,
d'année en année jusqu'à nos jours. On y trouve toutes sortes de
pièces : contrats d'acquisition, aveux et dénombrements de la
seigneurie et de ses dépendances féodales, procédures, baux, comptes
de régie, devis et réceptions de travaux, dessins d'architectes, plans,
inventaires de meubles et de titres, mémoires, correspondances, etc.,
avec des signatures royales ou princières, et de précieux auto-
graphes. La majeure partie de ces titres est en parchemin, et la
conservation en est généralement admirable.

A ce fonds il faut ajouter trois volumes contenant cent soixante
pièces manuscrites et imprimées, relatives à la translation du
Gouvernement français à Tours et à l'occupation prussienne en
Touraine, pendant les douloureuses années 1870-1871. Ces docu-
ments intéressants, parmi lesquels figurent un grand nombre de
chroniques locales relatant minutieusement tous les faits qui se sont
produits pendant l'invasion allemande, forment les pièces justifi-
catives d'un volume, encore inédit, composé par nous, à l'invitation
de la ville de Tours, sur l'histoire de notre département pendant
cette période.

Comme on le voit par cette indication sommaire, les archives de
Chenonceau constituent un ensemble remarquable, et renferment,
sauf en ce qui touche l'époque de Catherine de Médicis, toute

l'histoire du château. La série en est si complète que, depuis le milieu du XV° siècle jusqu'à nos jours, il ne manque que quatre signatures de propriétaires. La Révolution, il est vrai, a détruit un grand nombre de titres ; mais ces titres étaient plus considérables par leur masse que par leur importance intrinsèque, et ils ne doivent pas être l'objet de bien vifs regrets. Nous avons d'ailleurs l'analyse de ceux qui ont disparu, grâce à d'anciens inventaires et au sommier général du chartrier, rédigé vers 1740.

C'est avec ces éléments que nous avons publié, sur les vicissitudes de Chenonceau, sept volumes in-octavo, fruit de huit années de labeurs assidus. La présente Notice est un abrégé succinct de notre grand travail : elle présente en quelques pages les traits principaux d'une histoire intéressante jusque dans ses moindres détails, et la description d'un monument merveilleux qui est une des gloires de notre belle Touraine. Cette Notice, imprimée pour la première fois en 1869, et tirée à cinq mille exemplaires en quatre éditions, était entièrement épuisée ; nous la rééditons aujourd'hui avec un chapitre complémentaire sur les magnifiques restaurations exécutées depuis dix-sept ans dans cette splendide résidence.

Rome, décembre 1881.

C. Mons. CHEVALIER.

CHENONCEAU

I

DESCRIPTION DU CHATEAU

Le château de Chenonceau est placé au milieu du cadre qui convient le mieux au caractère de son architecture. La vallée du Cher offre partout de charmants panoramas ; mais, à mesure qu'on avance vers Chenonceau, il semble que le paysage devienne plus gracieux, le site plus riant : rien de dur ou de heurté ne s'y rencontre ; les hauts coteaux s'abaissent en pentes douces, les rochers abrupts disparaissent, les seconds plans se rapprochent des premiers ; partout la grandeur fait place à la grâce ; en un mot, tout se réunit pour former un fond en parfaite harmonie avec le château, et la nature égaye d'un sourire perpétuel ce merveilleux chef-d'œuvre de la Renaissance. Aussi ces bords charmants ont-ils été préférés par nos rois, célébrés par les voyageurs et chantés par les poètes ; et Louis XI, François Ier, Henri II, Henri III, n'ont point dédaigné de prendre successivement la parole pour déclarer que Chenonceau est situé « en un beau et plaisant pays. »

Le château s'annonce par une royale avenue d'ormeaux et de platanes qui a près d'un kilomètre de longueur, et qui conduit à l'avant-cour, gardée par deux sphinx. Là nous entrons dans la première des enceintes fortifiées de la vieille forteresse des Marques, autrefois défendue de trois côtés par de larges douves, et protégée sur le quatrième flanc par des bâtiments et des murailles. La seconde enceinte, située sur le bord du Cher, et entourée des trois autres côtés par des fossés profonds, communiquait avec l'avant-cour par un pont-levis, et renfermait le château-fort et le donjon, assis sur un tertre factice bien au-dessus des inondations de la rivière. Le système de défense était complété, dans le lit même du Cher, par un moulin fortifié, bâti sur des piles puissantes pour protéger les approches de la place. Tel était l'ensemble de la vieille forteresse des Marques. Thomas Bohier respecta le donjon et les principales lignes de défense, mais il rasa l'ancien château, et il en fit bâtir un nouveau sur les piles du moulin.

Avant de pénétrer dans l'intérieur, il est bon de jeter un regard sur le dehors, par les côtés. Là, le château se découvre dans toute son étendue, barrant le Cher d'une rive à l'autre, et développant deux de ses faces. L'œil erre avec ravissement sur le pavillon carré qui s'élance audacieusement du sein des eaux, sur le pont gracieux qui le relie à la terre ferme, et sur la longue façade de la galerie qui couvre la rivière. Au premier plan, le pavillon carré, bâti sur deux piles énormes et sur l'arche qui les unit, est cantonné aux angles de tourelles en encorbellement d'un charmant effet, et couronné de hautes lucarnes à pinacle et de cheminées historiées. Le pont qui le rattache à la rive du nord se compose de trois arches inégales, dont les lourds piliers sont accostés de demi-lunes en cul-de-lampe. Quant à la galerie, l'écueil que présentait l'ornementation de cette longue façade de 60 mètres a été heureusement tourné : les piles des arches s'élèvent en forme de tours percées de fenêtres, s'appliquent à la façade dont elles rompent l'uniformité, et montent jusqu'au premier étage, où elles se terminent en terrasses; la large ligne du toit trouve de même un certain mouvement dans les lucarnes en œil-de-bœuf qui la décorent.

La façade orientale, vue de l'angle sud-ouest du parterre de Diane, au bord de la rivière, est la plus belle de toutes; c'est celle que les décorateurs de l'Opéra ont peinte pour le décor du second acte des *Huguenots*, et dans ce choix ils ont été guidés par un goût vraiment artistique. De ce côté, la façade principale fuit obliquement avec beaucoup de grâce; la façade orientale, formée de deux avant-corps unis par une *loggia* découverte jetée sur le Cher, a beaucoup de mouvement; et la galerie, reléguée au second plan, n'a plus autant d'importance, et contraste moins durement avec l'œuvre si fine et si délicate de Thomas Bohier.

Le dessin pris de l'angle nord-est de la cour d'honneur est aussi fort remarquable, quoique, en perdant l'aspect des eaux, la vue du monument perde ainsi un de ses principaux charmes. Au premier plan, à droite, se dresse isolément la haute tour des Marques, avec son toit conique à lanterne et son chemin de ronde, accolée d'une élégante tourelle à demi engagée dans ses flancs, laquelle en dissimule la physionomie sévère et menaçante. Au second plan se montre la façade principale du château, avec ses deux tourelles d'angle, les fenêtres gothiques de la chapelle, son balcon en encorbellement, ses trois hautes lucarnes, ses combles aigus et ses belles cheminées.

Après ce premier coup d'œil d'ensemble jeté sur les masses, il est bon de reprendre l'examen et de s'attacher aux détails. Voyez comme ces tourelles à toit conique pendent légèrement aux angles sur les culs-de-lampe qui les supportent : pièces autrefois importantes dans le système de défense des places, elles n'avaient plus de raison d'être dans les habitations luxueuses et pacifiques de la Renaissance, et, en se dépouillant de tout caractère de force, elles ont pris des formes élégantes et sont devenues un ornement. Par une extension de la même idée, les mâchicoulis, désormais inutiles, ont disparu pour faire place à un large et saillant entablement orné de pilastres et de balustres, qui rappelle de loin la disposition militaire du couronnement des forteresses du moyen âge. La porte principale, richement sculptée sur ses deux vantaux, date de la construction du château, et est surmontée d'un balcon accosté de deux trompes élégantes en demi-lune. Les lucarnes méritent un examen particulier : avec leurs pilastres ornés, leurs frises sculptées, leurs pinacles et leurs clochetons, elles constituent un grand motif d'ornementation, et masquent habilement une partie de la toiture. Toutes les lignes des façades se groupent harmonieusement et sans effort; la symétrie est partout dans l'ensemble, sans jamais exister dans les détails ; l'uniformité des surfaces planes disparaît sous de gracieux encadrements qui en déguisent agréablement la nudité : tout, en un mot, révèle une imagination riche et féconde, un goût parfait, un sentiment exquis de l'art. Les cheminées elles-mêmes, qui font d'ordinaire le désespoir des architectes, et qui ne sont le plus souvent que de longs tuyaux désagréables à la vue, deviennent ici un savant motif d'ornementation pour la toiture, avec leurs colonnettes, leurs dais, leurs niches, leurs statuettes, leur corniche et les mille détails qui les décorent. Il n'y a pas jusqu'aux combles aigus du toit dont la belle ordonnance ne doive être remarquée, et qui produisaient autrefois un merveilleux effet, avec leurs crêtes et leurs épis en plomb doré.

Mais il est temps de pénétrer dans l'intérieur. Constatons d'abord que le plan s'écarte entièrement des plans suivis dans les anciens châteaux, dont les bâtiments se développaient sur trois ailes autour d'une cour centrale, flanqués de tours avec des escaliers en vis de Saint-Gilles pour le service des appartements supérieurs. Ce plan traditionnel ne pouvait être appliqué à Chenonceau. Par une hardiesse de conception remarquable, l'architecte, adoptant une idée complétement originale et sans précédent, n'hésita point à prendre pour base de son œuvre la base même du moulin des Marques, c'est-à-dire les deux gros massifs de maçonnerie séparés par une arche où tournait la roue du moulin, et terminés en amont par deux pointes ou avant-becs. Un édifice élevé sur cette base si simple courait le risque de ne former qu'un pavillon carré d'une lourdeur massive : l'artiste a évité ce péril avec un grand bonheur, et, pour dissimuler la figure un peu trop carrée de ses façades, il a multiplié sur chacune d'elles les saillies et les reliefs, par des trompes, des balcons et des tourelles. Tout cet ensemble constitue une œuvre entièrement nouvelle, et jusque-là sans modèle dans l'art.

Avec ces dispositions extérieures, la distribution intérieure est fort simple. Un vestibule central, autrefois terminé au midi sur le Cher par un vaste balcon, s'ouvre à droite et à gauche sur quatre appartements, auxquels il faut ajouter au levant la chapelle et la *librairie*, bâties sur les avant-becs, et reliées entre elles par une *loge*. Tous les appartements sont indépendants les uns des autres, et cependant communiquent entre eux. Cette distribution fort commode, où l'on reconnaît la main d'une femme, était alors une nouveauté, car toutes les chambres des anciens châteaux se commandaient, comme aujourd'hui encore les salons en enfilade des palais italiens. L'escalier, ce grand écueil des constructions, dont il trouble les dispositions intérieures ou les ouvertures de façade, est ici conçu avec un rare bonheur. L'architecte a abandonné la vis de Saint-Gilles et adopté une innovation italienne, c'est-à-dire l'escalier à travées parallèles réunies par des paliers; cet escalier, appliqué au milieu de la façade du couchant, n'en dérange point l'ordonnance. L'escalier de Chenonceau et celui d'Azay-le-Rideau sont, sinon les plus anciens, au moins les deux plus somptueux modèles de cette disposition importée d'Italie, car l'escalier de Chambord, malgré la conception magistrale de sa double vis, reste encore fidèle aux antiques traditions de l'art français.

Le vestibule du pavillon principal est voûté en voûtes ogivales à nervures prismatiques; la retombée des voûtes s'appuie sur des chapiteaux en cul-de-lampe finement sculptés et d'un dessin très varié; les clefs de voûtes, distribuées d'une manière originale sur une ligne brisée, offraient autrefois des armoiries que la Révolution a mutilées. Deux niches charmantes, placées au-dessus des portes, sont sculptées avec beaucoup de délicatesse. La porte de l'escalier est couronnée d'une salamandre, emblème de François Ier, entourée d'une banderole flottante d'une remarquable exécution.

A gauche s'ouvre la salle à manger, autrefois la salle des Gardes. La porte, en chêne sculpté, offre les images de saint Thomas, avec son équerre, et de sainte Catherine, avec sa roue, patrons des fondateurs du château, et la devise de Bohier :

S'IL. VIENT. A. POINT. IL. ME. SOWEDRA.

Le plafond de la salle, formé de solives apparentes d'une grande portée, a conservé sa décoration primitive : les poutres sont encadrées de bordures dorées, divisées par caissons et peintes d'élégantes arabesques sur fond rouge, avec des C entrelacés, initiale du nom de Catherine de Médicis. Cette pièce s'ouvre au levant sur la terrasse ou loge, et de là on découvre le cours sinueux du Cher, encadré dans un délicieux paysage que couronne au loin la vieille tour de Montrichard.

De la salle des Gardes on entre dans la chapelle par une porte sur laquelle est figurée l'apparition de Jésus-Christ à saint Thomas après sa résurrection. L'ensemble de cet édifice appartient plutôt au style gothique qu'au style de la Renaissance proprement dite. Les fenêtres, de forme ogivale, sont divisées par des meneaux flamboyants; les voûtes, également ogivales et admirablement appareillées en petites pierres, sont soutenues par des nervures prismatiques, dont les clefs portent les armes des Bohier, *d'or, au lion d'azur, au chef de gueules,* et les armes des Briçonnet, *d'azur, à la bande componée d'or et de gueules de cinq pièces, chargée sur le premier compon de gueules d'une étoile d'or accompagnée d'une autre étoile de même, en chef.* Mais si les grandes lignes d'ensemble sont gothiques, tous les détails appartiennent franchement à la Renaissance française. L'autel n'est qu'une simple table de pierre, soutenue aux angles par deux groupes de colonnettes d'un galbe très élégant, cantonnées autour d'un pilier carré à volutes ioniques. La niche de la crédence, finement exécutée, porte la devise de Bohier. A côté de la crédence, on remarquait une étroite ouverture en œil-de-bœuf oblique, qui communiquait avec l'oratoire de la reine Louise. Une *loge* s'ouvre à droite, dans l'épaisseur de la muraille : c'est la place d'honneur réservée aux châtelains. Un caveau sépulcral est établi sous la chapelle.

Les vitraux peints des fenêtres sont, pour la plupart, d'un dessin et d'un modelé remarquables, et sortent sans aucun doute de cette admirable école de Tours, qui produisait alors tant de chefs-d'œuvre. Si la correction et la science du dessin dans les têtes, le mouvement des draperies, le caractère des physionomies doivent y être loués sans réserve, il n'en est pas tout à fait de même de la couleur; les tons clairs dominent et annoncent les grisailles de la Renaissance. Les verrières anciennes, au nombre de six, représentent le Sauveur du monde, saint Jean-Baptiste, saint Michel, saint Pierre, saint Thomas et saint Gatien. Trois vitraux modernes, exécutés par M. Goguelet sur les dessins de M. Stein-heil, figurent sainte Marguerite, sainte Catherine et saint Guil-laume. Entre les fenêtres sont huit niches dont les dais sont trai-tés avec une grâce, une fécondité et une perfection étonnantes; le sculpteur y a déployé toutes les ressources de son génie inven-tif. Une élégante tribune en bois, établie à la hauteur du premier étage, porte la date de 1521. Sur les murs on lit quelques sen-tences en vieil écossais, avec les dates 1543, 1546 et 1548.

La terrasse, ou plutôt la *loge* découverte ménagée entre la chapelle et la *librairie*, fut transformée en appartement par Catherine de Médicis. La reine Louise s'y installa au milieu d'une décoration toute funèbre. Cet appartement a été démoli en 1867, et l'on a rétabli les tourelles qui occupaient les extrémités de la *loge*. De cette terrasse, qui sert de salle à manger pen-dant l'été, on a une vue délicieuse sur la vallée du Cher.

L'ancien salon d'hiver, provisoirement affecté à la biblio-thèque, présente une cheminée d'une ordonnance assez remar-quable; des renommées en stuc ornent les angles et encadrent un trumeau destiné primitivement à recevoir une peinture, et qui renferme aujourd'hui une grande salamandre en bois sculpté, peint et doré. Le plafond est en bois, à caissons plats carrés, avec les lettres H et C entrelacées, initiales des noms de Catherine et de Henri II; notons cependant que les deux C réunis dos à dos aux jambages de l'H forment deux D, en sorte qu'on peut voir à volonté, dans le monogramme de Henri II, celui de Catherine ou celui de Diane de Poitiers, moyen ingé-nieux de contenter à la fois la maîtresse et l'épouse.

Cette salle, de même que plusieurs autres du château, est décorée de tentures en toiles peintes, d'un genre particulier. Les tentures de Chenonceau sont de dessins très variés, au nombre de seize, mais elles présentent toutes un caractère ana-logue, et elles ont été certainement toutes obtenues par le même procédé. Elles se composent de lés de toile de trois à quatre mètres de hauteur sur quatre-vingts centimètres environ de largeur. Les unes sont à fond d'or ou d'argent, les autres à fond de couleur; elles sont chargées de rinceaux, de fruits et d'oiseaux; l'une d'elles a même des personnages et représente une chasse. Ce qui fait leur grande richesse et les rend tout particulièrement intéressantes, ce sont les applications de tentures de laine qui composent les ornements dont elles sont couvertes, et qui donnent à ces toiles une ressemblance parfaite avec des velours ou des tapisseries. Ces toiles ont dû être faites sur place au château même; car on a retrouvé dans un coin du garde-meuble une planche en bois gravé qui avait servi pour l'une d'elles. Les tentures de Chenonceau ont toujours excité l'admiration des amateurs : aussi ont-elles servi de modèle aux décorations de plusieurs châteaux de la Renaissance nouvellement restaurés; c'est à Blois qu'on les imita pour la première fois (1).

Du salon précédent on passe dans le *cabinet vert*, ainsi désigné parce que tout l'ameublement était en velours vert. Les poutres apparentes du plafond sont peintes dans le même goût avec des lettres ornées; cette décoration, qu'on a récemment retrouvée dans toute sa fraîcheur derrière une boiserie rapportée, est d'un style fort élégant.

Le plafond en chêne sculpté qui orne la *librairie* est extrêmement remarquable par la conception du dessin, la perfection de la sculpture et l'élégance des arabesques. On ne saurait trop admirer l'art avec lequel l'artiste a su grouper les compartiments irréguliers qui lui étaient imposés par la forme de l'appartement, en dissimuler l'irrégularité, et en composer un ensemble aussi complet, aussi parfait et aussi harmonieux. C'est certainement le morceau capital de toute la sculpture sur bois de Chenonceau. Les initiales T, B, K, qui s'y lisent sur les plates-bandes des caissons, nous disent clairement que ce plafond est dû à Thomas Bohier et à Katherine Briçonnet.

Montons au premier étage. Les portes de l'escalier représentent l'Ancienne Loi sous la forme d'une femme aux yeux bandés, portant d'une main un livre fermé et de l'autre un bâton brisé; — et la Loi Nouvelle, sous la figure d'une femme non voilée

---

(1) *Note sur les tentures en toile peinte de Chenonceau*, par M. Daniel Wilson; dans les *Annales de la Société d'agriculture, sciences, arts et belles-lettres d'Indre-et-Loire,* bulletin de mars 1869.

qui tient un calice et une palme. L'escalier est voûté, et la voûte rampante en est distribuée en caissons sculptés, où l'on remarque des têtes humaines, des fleurs, des fruits et autres motifs d'ornementation, qui se groupent avec harmonie : charmante décoration, d'un goût tout nouveau pour l'époque.

Le vestibule du premier étage nous offre, encastrés dans la muraille, les médaillons en marbre de Galba, Claude, Germanicus, Vitellius et Néron. C'est, avec deux bustes de personnages inconnus, également en marbre, et un magnifique buste d'impératrice, tout ce qui reste de l'admirable collection d'objets d'art que Catherine de Médicis avait fait venir d'Italie.

La chambre de Médicis est le seul appartement du premier étage qui soit digne d'intérêt. On y remarque le plafond en chêne à caissons carrés, peints et dorés. Outre les lettres C et H entrelacées et couronnées, on y lit les initiales des noms des enfants de Catherine, avec des couronnes royales ou ducales. Ces détails indiquent que le plafond aurait été peint de 1560 à 1574.

Les soubassements ne sont pas une des moindres curiosités du château. Les piles sont tellement puissantes qu'on a pu y pratiquer quatre vastes pièces voûtées qui servent de cuisine, de salle à manger pour les domestiques, de fourrières, de caves, avec des offices et des cabinets, le tout assis sur le roc, et sans la moindre trace d'humidité. On y montre aussi une pièce voûtée qui paraît avoir servi de prison, et les *bains de la reine,* près de l'arche centrale où tournait la roue du moulin.

Le pont a été commencé par Diane de Poitiers, sur les dessins et sous la direction de Philibert de l'Orme ; mais la duchesse de Valentinois n'eut pas le temps de faire la galerie couverte qu'elle avait projetée. Catherine de Médicis agrandit les plans de Diane, et fit bâtir une galerie à double étage. Cette galerie, longue de 60 mètres dans œuvre, et large de 5 mètres 85 centimètres, est éclairée par dix-huit fenêtres. L'uniformité et la froideur de cette longue muraille ont été vaincues par une combinaison ingénieuse. Les piles du pont montent au dehors en forme de tourelles, et s'évasent à l'intérieur en petits salons semi-circulaires de deux mètres de profondeur, heureuse disposition qui anime la muraille. La reine mère avait eu le projet de terminer le pont par un vaste salon ovale; mais ce plan est resté sans exécution.

Le donjon appartient, par l'ensemble de sa construction, à la première moitié du xvᵉ siècle; c'était une tour de défense, où la force remplaçait la grâce, et l'on y voit encore les meurtrières destinées à recevoir la bouche des arquebuses et des coulevrines. Thomas Bohier la remania pour en dissimuler l'aspect menaçant; il supprima les mâchicoulis, créa à la place un chemin de ronde en saillie, appuyé sur d'élégants corbeaux, refit toutes les ouvertures, et orna la porte d'entrée de charmantes sculptures et d'arabesques d'une rare perfection.

Les communs de l'avant-cour ont été bâtis par Catherine de Médicis sur les dessins de Philibert de l'Orme. C'est une longue aile, coupée de trois pavillons. Le gros pavillon du nord appartient à une construction plus ancienne, et faisait sans doute partie des communs du château des Marques. Cet ensemble de bâtiments était affecté au logement des officiers de la Cour : la forme de leur charpente *à la Philibert* leur avait fait donner le nom de *Dômes à l'impériale*.

Nous ne quitterons pas le château de Chenonceau sans faire une promenade dans les parcs. Quand le visiteur aura vu ces magnifiques ombrages, cette belle nature, cette charmante rivière, le chêne de Jean-Jacques, la fontaine de Henri III, il ne pourra s'empêcher de dire avec le chantre de l'*Allée de Sylvie :*

> Qu'à m'égarer dans ces bocages
> Mon cœur goûte de voluptés!
> Que je me plais sous ces ombrages!
> Que j'aime ces flots argentés!

Puis, jetant un dernier regard sur le château, il emportera de cette résidence princière une image saisissante et un vif sentiment de reconnaissance pour la noble propriétaire qui en fait les honneurs avec tant de grâce et d'affabilité.

II

LA FAMILLE MARQUES

1243-1513

L'histoire de Chenonceau est pour nous fort obscure jusqu'à la fin du xiiᵉ siècle. Tout ce que nous pouvons en dire, c'est que les Romains, séduits par la grâce de ces bords enchanteurs, y avaient construit une villa. A la villa succéda plus tard un château fortifié qui commandait la rivière et surveillait les grands chemins ouverts sur les deux bords du Cher. Pour être maîtres absolus de la vallée, les seigneurs de Chenonceau, déjà fortement établis sur la rive droite, ne négligèrent rien pour occuper, sur la rive gauche, le château des Houdes, à Francueil, et assurèrent ainsi leur position. Ces deux domaines, qui n'avaient à l'origine que le simple titre de seigneuries, relevaient féodalement de la baronnie d'Amboise.

Au commencement du xiiiᵉ siècle, et peut-être plus tôt, la seigneurie de Chenonceau était possédée par la famille Marques, originaire de l'Auvergne ou de la Marche, et dont les membres, sous la modeste qualification de chevaliers, *miles*, se prétendaient alliés à la maison de France. Malgré leur ancienneté et l'illustration de leurs alliances, les Marques ne jouèrent jamais aucun rôle important et ne parvinrent à aucune haute dignité : aussi leurs noms, complètement oubliés aujourd'hui, ne sont-ils point sortis de nos archives locales, où nous les voyons figurer, dès l'année 1243, à l'occasion de pieuses donations aux établissements ecclésiastiques du voisinage.

Le xɪvᵉ siècle fut pour Chenonceau une période de troubles et de ruines. La guerre ayant éclaté de nouveau entre la France et l'Angleterre (1355-1360), le prince de Galles ravagea les vallées de l'Indre et du Cher, et ses troupes se cantonnèrent dans les bourgs d'Azay-sur-Cher et de Cormery. Après le traité de Bretigny (1360), des compagnies d'aventuriers, promenant partout le pillage et la dévastation, s'emparèrent des châteaux assis dans les cantons les plus fertiles, et s'y retranchèrent. Pour les repousser, la ville de Tours fut obligée d'appeler à son aide Olivier et Bertrand du Guesclin : les deux braves chevaliers accoururent, battirent l'ennemi et chassèrent les bandes incendiaires des châteaux forts de Montlouis, des Houdes et de Chenonceau, d'où elles tenaient tout le voisinage en des alarmes continuelles.

Ainsi pris et repris en quelques années, le château de Chenonceau avait eu beaucoup à souffrir. Une plus grande calamité vint fondre sur lui cinquante ans plus tard. Sous Charles VI, Jean Marques, premier du nom, embrassa le parti des Armagnacs contre les Bourguignons et livra ses forteresses aux Anglais. Le maréchal Jean de Boucicaut leva des troupes en 1411, battit les Anglais dans les prairies de Vestin, sur les bords du Cher, incendia et rasa les châteaux de Chenonceau et des Houdes, et coupa les futaies de ces seigneuries *à hauteur d'infamie*, en signe de traîtrise de la part du vassal.

Cet événement porta un coup terrible à la fortune des Marques. Jean Marques, deuxième du nom, fils du précédent, songea pourtant à payer les dettes paternelles, à réhabiliter l'honneur de sa famille, et à relever le château de ses ancêtres. Après avoir fait oublier par son dévouement à la cause royale les fautes de son père, il sollicita de Charles VII l'autorisation de reconstruire les fortifications de son manoir. Les circonstances étaient favorables; car les Anglais étaient maîtres d'une partie de la Touraine, et le pauvre *Roi de Bourges* ne possédait guère que les quatre places de Tours, Amboise, Loches et Chinon. Aussi Charles VII n'hésita pas à donner à son fidèle chevalier des lettres patentes datées de 1432, pour l'autoriser à relever son château.

Marques se mit donc à l'œuvre, rebâtit son manoir sur le bord du Cher, au sommet d'un escarpement artificiel, et l'entoura des trois autres côtés de douves larges et profondes, qui communiquaient avec la rivière. Une tour puissante, qui subsiste encore, s'élevait à l'un des angles de l'enceinte. Marques construisit en outre un moulin sur de fortes piles dans le lit même du Cher, en face du château, et ce moulin, qui était vraisemblablement fortifié, commandait le passage de la rivière. Les conjonctures douloureuses au milieu desquelles se débattait notre pays à cette époque expliquent cet appareil de défense; le moment n'était pas encore venu où les établissements militaires pourraient sans danger faire place aux élégants châteaux de la Renaissance.

Ces grands travaux avaient épuisé les ressources de Jean Marques. Son fils Pierre, par sa mauvaise administration, devait achever la ruine de sa famille, commencée cinquante ans auparavant par la félonie de son aïeul. Nous le voyons faire des constructions coûteuses, acheter à haut prix une multitude de parcelles de terre pour arrondir sa propriété, puis, pour payer toutes ces acquisitions ruineuses, emprunter à gros intérêts, constituer des rentes foncières sur son domaine, engager ses biens, et enfin vendre en détail les seigneuries qu'il possédait, entre autres la belle terre des Houdes.

Marques marchait ainsi à sa ruine à pas précipités, et il était facile de prévoir l'heure où ses dernières ressources lui échapperaient. Il y avait, à ce moment, un homme qui surveillait les progrès de cette ruine avec beaucoup d'intérêt, dans le dessein d'en profiter : c'était Thomas Bohier, général des finances. Toutefois, comme il voulait dissimuler ses batteries, et comme d'ailleurs il était attaché alors à l'expédition de Charles VIII en Italie, il fit acheter sous main, par des prête-nom, plusieurs domaines dépendant de Chenonceau, et des rentes constituées sur cette terre, afin de pouvoir en presser le payement et de mettre Pierre Marques dans la nécessité de vendre le domaine principal. Son représentant secret, Jacques de Beaune Semblançay, acquit ainsi la seigneurie des Houdes, en 1494, et 352 livres de rente foncière, charge énorme, puisque la terre de Chenonceau ne pouvait guère être affermée plus de 450 livres par an.

Toutes les mesures étant combinées et les pièges étant tendus de toutes parts, le véritable acquéreur crut pouvoir se démasquer. Ainsi acculés dans leurs derniers retranchements et pris par la famine, Pierre Marques et Martine Bérart, sa femme, se décidèrent à traiter avec leur ennemi, et, par contrat du 3 juin 1496, ils lui vendirent la seigneurie de Chenonceau avec ses annexes pour la somme de 7,374 livres 10 sols tournois, payée comptant, en stipulant expressément la faculté de réméré pendant deux ans.

Marques, ne pouvant se résoudre à quitter le vieux manoir de ses pères, prit à ferme la terre de Chenonceau pour 450 livres. Cette mesure n'était qu'un dernier expédient imaginé par l'infortuné seigneur pour prolonger son agonie. Non seulement il ne songea pas à user de son droit de rachat, mais il ne put même pas payer le premier terme de son bail. Bohier dut le poursuivre et le força d'abandonner Chenonceau. Marques se retira au petit castel du Couldray, à Saint-Martin-le-Beau, où sans doute il finit ses jours dans la tristesse et dans la gêne, poursuivi jusque dans ce dernier asile pour le payement des arrérages de sa ferme.

Bohier pouvait donc se croire enfin propriétaire de Chenonceau, mais la législation de ce temps lui ménageait de singulières mésaventures.

La cause des Marques, en effet, n'était pas entièrement perdue. Le frère de Pierre, Guillaume, seigneur de Chedigny et de la Folaine, à Azay-le-Chétif, n'était pas homme à laisser ainsi dépouiller sa famille. C'était un esprit turbulent et emporté, qui conservait au xv⁰ siècle les mœurs violentes d'un autre âge, toujours disposé à guerroyer contre ses suzerains, les paisibles chanoines de Notre-Dame de Loches. Étant de cette humeur, il ne vit pas de bon œil les manœuvres employées par Bohier pour se rendre maître de Chenonceau : aussi, quoiqu'il fût lui-même très obéré, il s'empressa d'invoquer les droits du *retrait lignager* pour rentrer en vainqueur dans l'héritage paternel.

D'après la Coutume de Touraine, tout parent au dixième degré pouvait réclamer et retirer les immeubles vendus, en remboursant à l'acquéreur le prix principal de la vente, avec les frais et loyaux coûts du contrat. Mais il était absolument nécessaire que l'action de *retrait* fût intentée dans le cours de l'année qui suivait la vente définitive, et que le prix de l'immeuble fût payé intégralement dans les huit jours de l'adjudication.

En vertu de cette législation, Guillaume Marques fit signifier sa demande de *retrait*, en 1499, et, pendant les longues procédures de cette instance, il s'occupa de réunir les ressources nécessaires. La mort l'ayant surpris au milieu de ces débats, sa fille Catherine poursuivit le procès et rentra dans le domaine de ses pères ; mais comme elle n'était pas en mesure d'acquitter la totalité de la dette, elle dut constituer à Bohier une rente foncière de 352 livres tournois, rente que celui-ci s'empressa de faire inféoder par lettres patentes de Louis XII, en 1503, pour lui donner le caractère immuable d'un fief. Pendant que Catherine Marques s'installait à Chenonceau, le général des finances s'établissait au château des Houdes, comme pour mieux guetter sa proie, et attendre le moment favorable de fondre sur elle.

Ainsi devenue dame de Chenonceau, Catherine ne tarda pas à épouser François Fumée, seigneur des Fourneaux, troisième fils de cet Adam Fumée, seigneur des Roches-Saint-Quentin, qui avait été premier médecin et garde des sceaux de Louis XI, deux charges aussi difficiles à exercer l'une que l'autre sous un tel maître. Une alliance avec les Fumée pouvait relever encore une fois la fortune des Marques ; mais cette fortune était alors bien compromise, et les propriétaires de Chenonceau avaient affaire à un adversaire persévérant, que les liens de parenté ne devaient point arrêter dans sa poursuite obstinée. Ils eurent le tort de l'irriter par leurs prétentions de suzeraineté sur le fief des Houdes, et, faute de foi et hommage, ils firent saisir cette terre féodalement. La guerre était déclarée, et elle dura neuf ans. Bohier pressa impérieusement le payement de ses rentes sur Chenonceau, et jeta Catherine Marques et François Fumée dans de graves embarras d'argent. Ceux-ci, poursuivis à outrance, vendirent leurs biens à Aymar de Prie, chevalier, seigneur de Montpoupon, Luzillé et Chantcoiseau, qui s'en mit en possession provisoire. Thomas Bohier, qui avait précédemment fait saisir la terre, protesta contre cette vente, et exigea l'adjudication des biens. Enfin, le 8 février 1513, par sentence du bailliage de

Tours, François Fumée et Catherine Marques furent expropriés, et la seigneurie de Chenonceau avec ses dépendances fut adjugée définitivement à Bohier, comme plus offrant et dernier enchérisseur, pour la somme de 15,641 livres, somme qui, en tenant compte de la dépréciation constante du numéraire et du pouvoir relatif de l'argent aux deux époques, représenterait aujourd'hui 300,000 francs de notre monnaie.

Deux jours après, le 10 février, Thomas Bohier vint en personne prendre possession réelle et actuelle de la terre de Chenonceau, et en fit dresser acte par un sergent du roi. Dans cette cérémonie, il était accompagné de Guillaume de Seigne, trésorier et receveur général de l'artillerie, à qui son fils Jean éleva, vers 1530, dans le cimetière de Bléré, une belle chapelle funéraire qui vient d'être classée comme monument historique. Puis, le 17 février, Bohier rendit hommage au roi, à Blois, entre les mains d'Étienne Poncher, évêque de Paris, commis à cet effet. Cette dernière formalité remplie, il put enfin se croire propriétaire de Chenonceau, pour la possession duquel il luttait depuis seize ans.

Catherine Marques, chassée du domaine dont sa famille jouissait depuis trois siècles, et dépouillée de ses autres biens par ses créanciers, se retira dans son petit castel des Fourneaux, qu'elle transmit à ses descendants. Dès lors, le nom des Marques disparaît de nos annales de Touraine.

III

LA FAMILLE BOHIER

1513-1535

Thomas Bohier, né à Issoire dans la seconde moitié du XVᵉ siècle, descendait d'une honorable famille bourgeoise de l'Auvergne, enrichie par le commerce. Il était fils d'Austremoine Bohier, bourgeois d'Issoire, et de Béraude du Prat, tante du chancelier du Prat, ministre de François Iᵉʳ. Cette parenté, on le pense bien, ne fut pas inutile à sa fortune; mais c'est surtout par son mariage avec Catherine Briçonnet qu'il s'assura les protecteurs les plus influents pour se pousser dans le monde et y faire une importante figure.

L'illustration de la famille Briçonnet ne datait pas de bien loin : elle remontait à ces *petites gens,* issus de la bourgeoisie marchande de Tours, dont Louis XI aimait à s'entourer et qu'il éleva aux plus hautes dignités, en haine et défiance de la grande noblesse, parce qu'ils étaient rompus à la pratique des affaires par le commerce, et qu'ils avaient l'art, toujours prisé des gouvernements, de manier habilement les finances et de créer des ressources dans les moments difficiles. Aussi voyons-nous à cette date presque tous les Briçonnet, au nombre d'une vingtaine, dans les emplois supérieurs des finances.

Le membre le plus considérable de cette maison fut Guillaume Briçonnet, né à Tours en 1445. Il suivit d'abord la carrière qui

semblait inféodée à sa famille, et fut général des finances de
Languedoc, puis surintendant. Il avait épousé Raoulette de
Beaune, sœur de Jacques de Beaune, surintendant des finances,
plus connu sous le nom de Semblançay. Après la mort de sa
femme il embrassa la carrière ecclésiastique, et, grâce à la protection de Charles VIII, dont il était le favori, il parvint aux
premières dignités. Il se vit tout à la fois évêque de Saint-Malo
et de Nîmes, cardinal, puis archevêque-duc de Reims en 1497,
et enfin archevêque de Narbonne, tout en conservant les deux
autres sièges jusqu'à sa mort. Sa fille Catherine épousa Thomas
Bohier.

Trois autres familles, les Beaune, les Berthelot et les Poncher,
étroitement alliées aux Briçonnet, se partageaient avec ceux-ci
l'administration des finances, et y occupaient alors quinze ou seize
postes des plus importants, centralisant entre leurs mains la
recette, la dépense et le contrôle. Il ne faut donc pas s'étonner
que cette organisation vicieuse ait soulevé de vives critiques et
que les gros financiers, exécrés par le peuple qu'ils pressuraient,
détestés par le roi qu'ils pillaient audacieusement, aient été forcés
de temps en temps de rendre gorge quand, par surcroît, ils n'é-
taient pas pendus au gibet de Montfaucon.

Par toutes ses alliances, Bohier fut naturellement entraîné à
suivre la même carrière. D'abord notaire et secrétaire de
Charles VIII, en 1491, puis maître des comptes à Paris, il
fut nommé général des finances au département de Normandie,
en 1496.

Les généraux des finances, au nombre de quatre seulement
sous Louis XII et François Iᵉʳ, avaient des attributions fort éten-
dues et un pouvoir considérable. Ils exerçaient dans leur *géné-
ralité* des droits presque souverains, et se trouvaient armés d'une
force imposante pour vaincre les résistances qu'ils rencontraient.
Leur principale fonction était la perception des ressources extraordinaires de l'État et l'emploi des deniers publics, sous le contrôle,
trop souvent insuffisant ou dérisoire, de la Chambre des comptes.
Quand l'impôt rentrait mal, ce qui était le cas le plus fréquent,
le général des finances devait compléter les prévisions budgé-
taires au moyen de ses propres ressources ou de son crédit

personnel, sauf à se rembourser ensuite comme il le pourrait, malgré les larmes, les gémissements et les malédictions des malheureux contribuables.

Bohier se trouva donc investi, encore jeune, d'une des charges les plus considérables et les plus délicates du royaume. Fut-il intègre dans le maniement des deniers publics? Nous le croyons, car, malgré sa grande fortune, il mourut endetté envers le Trésor d'une somme très importante. Sa célèbre devise : S'IL VIENT A POINT ME SOVVIENDRA, témoigne assez qu'il se lançait volontiers dans des entreprises aventureuses, dont l'issue lui était cachée. Son portrait, d'après une médaille datée de 1503 et d'après un beau *crayon* de la même époque, nous révèle, d'ailleurs, une ténacité, une fermeté de volonté remarquables, une de ces volontés qui ne se détournent jamais de leur but, et y tendent pendant de longues années avec une persévérance implacable.

Devenu propriétaire de Chenonceau au mois de février 1513, Bohier s'occupa de réaliser les grands projets qu'il avait conçus pour ce domaine. Les différentes seigneuries qu'il avait achetées dans le voisinage, en attendant que son désir *vînt à point*, formant un ensemble assez considérable pour constituer une châtellenie, il se pourvut près de Louis XII, et le roi, par lettres patentes données à Blois l'année suivante, éleva la seigneurie de Chenonceau d'un degré dans la hiérarchie féodale.

D'après la Coutume de Touraine, les prérogatives de la châtellenie étaient assez importantes. La principale était la haute justice, avec le droit de faire attacher au carcan, fouetter, bannir, couper les oreilles et autres membres, suivant l'exigence des cas, pendre et étrangler, rompre sur la roue, traîner, décoller, noyer et brûler, le tout par voie de justice et de raison : prérogatives effrayantes, mais dont heureusement les seigneurs ne jouissaient plus depuis longtemps, quoiqu'ils continuassent d'affirmer leurs prétentions par l'érection de fourches patibulaires à l'entrée de leurs domaines. Le seigneur châtelain avait en outre le droit de prééminence dans l'église, le droit de chasse et de pêche, le droit de péage, le droit de foires et de marchés, le droit de moulin banal, le droit de dîme sur les *potages* et *charnages*, lins et chanvres, blés et vins, et enfin le droit de faire tenir la quintaine sur la rivière, au jour de la Pentecôte. La quintaine était une fête populaire dans laquelle tous les bateliers, meuniers et pêcheurs étaient obligés de rompre sur un pieu planté au milieu du Cher trois bonnes perches de huit pieds de long, en se tenant debout à la tête d'un bateau mené à toutes rames dans le courant de la rivière, au risque de prendre un bain forcé pour le plus grand plaisir des spectateurs. Quant aux devoirs du châtelain de Chenonceau, ils consistaient à rendre au roi, en sa qualité de baron d'Amboise, la foi et l'hommage lige, et à servir en personne, pendant trois semaines, à la garde du château d'Amboise, une fois en sa vie, seulement lorsque les ennemis étaient dans le royaume.

Bohier n'eut pas le temps de rendre hommage au roi de sa nouvelle châtellenie. Louis XII, veuf d'Anne de Bretagne, venait d'épouser la jeune Marie d'Angleterre, sœur de Henri VIII. « A cause de sa jeune femme, le bon roi avoit changé toute sa manière de vivre ; car où il avoit l'habitude disner à huit heures, convenoit qu'il disnast à midi ; où il avoit l'habitude coucher à six heures du soir, souvent il se couchoit à minuit, dont il tomba malade à la fin du mois de décembre et rendist son âme à Dieu, le 1er janvier après minuit. » La prestation d'hommage fut faite le 27 janvier 1515 à François Ier, à Reims, où le nouvau roi s'était rendu pour se faire sacrer. Le général des finances de Normandie, qui conservait, comme sous les trois règnes précédents, son titre de chambellan, avait accompagné son maître à cette cérémonie.

En même temps qu'il faisait élever sa terre au titre de châtellenie, Bohier ne négligeait aucune occasion d'agrandir son domaine par une foule de petites acquisitions parcellaires, soit dans ses fiefs, soit dans les fiefs du voisinage. Ces contrats, ainsi que le cadastre de toutes les terres occupées par les tenanciers en 1523, nous montrent qu'à cette date le sol était déjà fort morcelé, et que les classes populaires avaient une large part dans la propriété territoriale. Ce qui n'est pas moins remarquable que la division du sol, c'est le nombre relativement considérable des propriétaires roturiers, simples paysans, journaliers, *hommes de bras*, laboureurs, vignerons, artisans. On est tout surpris de voir que le nombre des petits propriétaires qui se partageaient les neuf cent vingt-quatre hectares de la châtellenie non possédés par le château, était de six cent vingt-deux, ce qui donne en moyenne un hectare et demi pour chacun, et représente une population spécifique de soixante-sept propriétaires par kilomètre carré ou cent hectares. Ce n'est pas à la culture de la vigne qu'il faut attribuer cette heureuse situation, car la vigne n'entrait que pour cent huit hectares dans les seize cent quatre-vingts hectares qui composaient l'ensemble de la châtellenie de Chenonceau. La châtellenie s'étendait d'ailleurs sur les dix paroisses voisines, et elle comprenait des terrains de nature très variée : jardins, prairies, chenevières, vignobles, terres arables, bois, bruyères et *varennes*. Cette composition du domaine donne à nos chiffres un intérêt tout particulier.

Thomas Bohier ne se contenta pas de créer une des plus belles terres de la Touraine. Ses deux voyages en Italie avec Charles VIII et Louis XII avaient éveillé en lui le goût des arts, et il eut l'ambition de construire un des plus splendides châteaux de son époque, et l'heureuse idée d'en confier l'exécution à un architecte indigène. Il est probable qu'il commença cette importante construction (qui comprend le gros pavillon carré du château) dès l'année 1513, aussitôt après l'adjudication de la terre, et qu'il en surveilla les commencements, autant que le lui permettaient les grandes affaires auxquelles il se trouvait mêlé. Mais ayant été envoyé de nouveau en Italie en 1515 pour administrer les revenus du duché de Milan et veiller à la subsistance des troupes, il laissa à sa femme le soin de diriger les travaux.

Il nous faut donc reporter presque entièrement à Catherine Briçonnet l'honneur de cette admirable construction, et s'il nous est permis de juger la châtelaine de Chenonceau par la seule trace qu'elle ait laissée de son passage, c'était une femme de tête, douée d'une intelligence supérieure, d'un goût et d'un sentiment exquis de l'art. C'est elle qui a mis dans Chenonceau cette grâce étrange, ce charme féerique, cette originalité saisissante qui frappent au premier coup d'œil. Bâtie par une femme, cette magnifique résidence a toujours su plaire à l'imagination des femmes. Diane de Poitiers, Catherine de Médicis,

la reine Louise, Gabrielle d'Estrées, la duchesse de Mercœur
se la sont disputée tour à tour, et c'est surtout aux femmes qu'il
a été donné de l'embellir et d'y imprimer le cachet de la grâce,
de la délicatesse et du goût.

C'est sur les piles de l'ancien moulin des Marques, piles encas-
trées dans le roc même au fond de la rivière, que Bohier assit
son château. Cette base nous explique la forme singulière du
plan, composé de deux massifs puissants avec une arche intermédiaire, où tournait la roue du moulin, et deux avant-becs pour
briser l'effort du courant et porter les eaux sous la roue. La
construction de Chenonceau n'exigea que quatre ou cinq ans
de travail, car nous savons par un titre authentique que le gros
œuvre au moins était entièrement terminé en décembre 1517 (1).
La consécration de la chapelle fut faite l'année suivante par
le frère de Thomas Bohier, Antoine, cardinal-archevêque de
Bourges.

Bohier avait conçu le projet de joindre un pont au château
pour franchir le Cher, et il sollicita à cet effet l'autorisation
royale. François Ier, « considérant que le lieu, place et chastel de
Chenonceau est une belle place et maison assise sur la rivière de
Cher en be. t et plaisant pays, près des forêts d'Amboise et de
Montrichard, à il allait souvent chasser et prendre son passe-
temps, » accorda volontiers cette faveur, en vue de la commodité
de sa chasse et de ses plaisirs, en réservant les droits de la navi-
gation. Toutefois le seigneur de Chenonceau, occupé d'autres
soucis et peut-être déjà gêné dans ses affaires, n'eut pas le loisir
de profiter de cette concession.

A quel architecte faut-il attribuer la construction du château
de Chenonceau ? Nous ne le savons pas d'une manière précise;
mais il n'est pas douteux que ce ne soit à un maître indigène.
Les artistes italiens, en effet, ne sont arrivés dans notre pays
qu'un peu plus tard. La date bien positive du premier voyage
du Primatice en France est 1531; or, à cette époque, il y avait
huit ans que le château de Chambord était commencé; il y en

(1) Les détails d'intérieur ont dû être exécutés un peu plus tard, car la
tribune de la chapelle porte la date 1521.

avait quinze que les châteaux de Chenonceau et d'Azay-le-Rideau étaient terminés. Le Rosso, ou maître Roux, comme on l'appelait en France, lequel était intendant général des bâtiments et dirigeait toutes les constructions royales, n'avait précédé le Primatice que d'une année. On peut donc affirmer, avec M. Ch. Lenor_mant, que l'Italie ne prit pied en France qu'après le traité de Cambrai, en 1529.

Nous avions d'abord pensé à attribuer Chenonceau à Pierre Nepveu, dit Trinqueau, maître maçon originaire d'Amboise, qui commença Chambord en 1523, et y construisit, sur un plan magistral, le grand escalier à double vis ; mais comme, d'après les comptes municipaux d'Amboise, cet architecte n'était encore , en 1508, qu'un petit compagnon, il est difficile d'admettre que Bohier lui ait confié, en 1513 ou 1514, une œuvre aussi importante et aussi difficile. Malgré toutes nos recherches, le problème demeure encore sans solution.

Si nous attribuons ce magnifique monument de la Renaissance française à un simple maître maçon tourangeau, c'est que la Touraine possédait alors depuis un siècle une brillante école artistique qui jeta un vif éclat avant l'invasion des maîtres italiens. Le mouvement avait commencé vers 1440 par Jehan Foucquet, de Tours, le premier peintre français, artiste admirable par un ensemble étonnant de grandes qualités. Les enfants de Foucquet continuèrent les traditions paternelles, et s'unirent à Bordichon, à Poyet, aux Clouet, et à un grand nombre d'autres artistes dont les noms seuls nous sont connus. A côté de la peinture à l'huile et de la miniature, la peinture sur verre produisit de véritables chefs-d'œuvre entre les mains des Pinaigrier et des Sarrazin. L'architecture peut revendiquer comme des gloires Bastien et Martin François, neveux et élèves de Michel Colombe, qui terminaient le couronnement de la tour septentrionale de la cathédrale de Tours, en 1507, et le cloître de Saint-Martin, en 1508, et peuvent être regardés comme les initiateurs de la Renaissance française ; Pierre Valence de Tours, l'habile architecte du château de Gaillon, en Normandie ; Jacques Coqueau, d'Amboise, qui remplaça Trinqueau en 1538 à Chambord ; Gratien François et Jean, son fils, autres parents de Colombe, chargés en 1531 de bâtir et d'orner le château de Madrid, au bois de Boulogne, etc. La sculpture ne resta pas inférieure à l'architecture, et les Michel Colombe, les Regnault, les François, l'élevèrent presque à la hauteur de l'antique. Les manufactures d'étoffes de soie et de tapisseries, les ateliers de brodeurs, la ciselure et l'orfèvrerie suivirent le mouvement et en demeurèrent dignes.

La part principale dans cet épanouissement de notre art national appartient naturellement à l'architecture, à cause de la grandeur et de l'importance de ses œuvres. Les châteaux d'Ussé, d'Azay-le-Rideau et de Chenonceau, bâtis avant ceux de Blois et de Chambord, donnèrent l'impulsion; mais bientôt malheureusement notre brillante école architecturale, qui venait d'enfanter des chefs-d'œuvre, se trouva entravée dans son essor par la prépondérance des architectes italiens, dédaigneux des traditions gothiques, et passionnés pour les lignes plus sévères et plus classiques de l'art grec.

Bohier, par la construction de Chenonceau, fut donc un des promoteurs de la Renaissance française. Il ne fut pas le seul en Touraine. A côté des princes, il faut nommer ces grandes familles bourgeoises suscitées par Louis XI, et qui, dans la finance ou dans l'Église, aimèrent les arts avec passion, avec magnificence, et en furent les intelligents Mécènes. En sacrifiant une partie de leur fortune à Chenonceau, Thomas Bohier et Catherine Briçonnet ne cédaient pas à un caprice de parvenu, à une fantaisie de financier enrichi; ils suivaient en cela les nobles traditions de leur famille. Les Bohier, les Briçonnet, les Beaune, les Berthelot, les Semblançay, nous ont légué des merveilles, et ce magnifique usage de leur fortune doit atténuer en partie les soupçons trop fondés que peut inspirer leur gestion financière.

Tout en aimant les arts, Bohier savait descendre aux questions purement économiques. Quoique les vins des coteaux du Cher eussent déjà une certaine réputation, il chercha à propager autour de lui des cépages plus délicats, et il planta neuf arpents de vignes de plants qu'il fit venir à grands frais d'Orléans, d'Arbois, de Beaune et d'Anjou : c'étaient les crus renommés de l'époque. Cette louable tentative d'acclimatation ne fut pas couronnée d'un entier succès; car, au bout d'un siècle, ces précieux cépages, à l'exception du plant d'Anjou, avaient disparu ou dégénéré. A la même date, le beau-frère de Bohier poursuivait une entreprise semblable non loin des rives de l'Indre. Denis Briçonnet, abbé de Cormery, retiré dans sa vieillesse au petit manoir de Montchenin, fit planter des vignes de toutes sortes, apportées des contrées les plus renommées : c'est là l'origine du vignoble d'Esvres et des coteaux voisins.

Les affaires arrachèrent souvent Bohier à ses travaux de Chenonceau. En 1521, il retourna une cinquième fois en Italie, avec Lautrec, en qualité de trésorier général de la guerre. C'était une fonction de la plus haute importance ; car, avec les troupes mercenaires, il fallait sans cesse avoir l'argent à la main. Point d'argent, point de Suisses. Les Suisses, vendant comptant leurs services, disaient carrément au maréchal : *Argent, congé ou bataille!* Privé des 400,000 écus que le roi avait ordonné au surintendant Semblançay de lui envoyer, et que Louise de Savoie, toujours mal inspirée par son avarice et par ses haines, avait su détourner, Lautrec fut placé dans le plus cruel embarras, et sans le dévouement de Bohier et de ses amis, il eût vu les mercenaires déserter dès la première campagne. Après le fatal combat de la Bicoque, le maréchal revint en France, arrogant et terrible, se plaignant tout haut d'avoir été sacrifié. Le général des finances, animé d'un admirable sentiment de patriotisme, paya encore une fois de sa bourse pour acheter des auxiliaires, et recruta à prix d'or un semblant d'armée, dont il fut nommé lieutenant général, en attendant l'amiral Bonnivet.

Consumée par la famine et les maladies, cette armée dut se retirer devant le connétable de Bourbon, que la haine et la cupidité de Louise de Savoie, toujours fatales à la France, avaient jeté parmi nos ennemis. Bohier mourut le 24 mars 1524, au camp de Vigelli, dans le Milanais, pendant cette retraite que Bayart avait été chargé de soutenir et dans laquelle il trouva lui-même la mort, un mois plus tard.

Le corps du général des finances fut rapporté d'Italie et inhumé dans la ville de Tours, dont il avait été maire en 1497. Catherine Briçonnet survécut de peu. Elle mourut le 3 novembre 1526, et fut enterrée à Tours, près de son mari, dans l'église Saint-Saturnin, en une magnifique chapelle enrichie d'or et d'azur. Leur tombeau de marbre fut sculpté par les frères Just. Les deux époux étaient représentés au naturel, en marbre blanc, age- nouillés l'un près de l'autre, les mains jointes dans l'attitude de la prière, sur une dalle de marbre noir. Ce chef-d'œuvre fut détruit à la Révolution. Vers 1820 on retrouva, au milieu des décombres de Saint-Saturnin, le bras du général, orné du lion héraldique des Bohier, merveilleusement sculpté. Cette pièce précieuse, venue en notre possession, a été déposée par nous à Chenonceau.

Thomas Bohier et Catherine Briçonnet laissèrent neuf enfants, cinq filles et quatre fils : Antoine, l'aîné, baron de Saint-Ciergue et gouverneur de Touraine ; François, évêque de Saint-Malo, par la résignation de Denis Briçonnet, son oncle maternel ; Guil- laume, seigneur de Baudry, en Touraine, et bailli du Cotentin ; et Gilles, évêque d'Agde et doyen de Tarascon.

Antoine Bohier, qui avait épousé Anne Poncher, hérita de Che- nonceau : il garda cette seigneurie jusqu'en 1535, époque à laquelle il fut obligé de l'abandonner au roi.

IV

FRANÇOIS Ier

1535 - 1547

Dès le début de sa carrière, Antoine Bohier se trouva embarrassé de la plus obscure et de la plus épineuse des affaires : la liquidation des comptes paternels. Louis XII avait ordonné de rechercher si les gens de finance avaient malversé en Italie ; mais l'exécution de cette ordonnance n'avait pas été pressée. La situation des comptables s'aggrava quand François Ier, en 1527, dans le but de remplir le Trésor épuisé par les guerres d'Italie, institua une commission chargée de poursuivre tous ceux qui avaient manié les finances publiques, de revoir leurs comptes et de leur faire rendre gorge.

Cette commission n'était pas établie pour juger les accusés, mais pour les déclarer coupables, et surtout pour servir les rancunes de l'implacable Louise de Savoie et venger les humiliations de François Ier. Le surintendant Semblançay, arrêté à son château de la Carte, à Ballan, et jeté à la Bastille, fut condamné à mort pour ses malversations prétendues, le 9 août 1527. La sentence fut exécutée trois jours après au gibet de Montfaucon, malgré le grand âge du malheureux condamné : Jacques de Beaune avait alors quatre-vingt-deux ans. La stupeur fut générale.

Atteints par la muette désapprobation du sentiment public, François Ier et sa mère s'irritèrent, et étendirent leurs persécutions pour justifier les premières. L'orage gronda sur tous les financiers,

3

et les proches parents de Bohier furent frappés de la foudre. Les Semblançay, les Berthelot, les Poncher en furent les principales victimes.

C'est au milieu de ces douloureux événements, qui jetaient au gibet ou à l'exil ses cousins, ses oncles, son beau-frère et son beau-père, que Bohier poursuivait le règlement des comptes paternels. Cette liquidation ne dura pas moins de sept ans, et, par arrêt et jugement du 27 septembre 1531, Antoine Bohier fut déclaré débiteur envers le Trésor, du chef de son père, de la somme énorme de 190,000 livres tournois, somme qui équivaut à près de quatre millions de notre monnaie.

La famille Bohier, naguère si riche et si florissante, se trouvait donc à peu près ruinée, malgré ses grandes propriétés, et si l'exécution de l'arrêt eût été pressée, la ruine était complète. Heureusement, des conseils plus doux commençaient à prévaloir dans le gouvernement, et les Semblançay, rappelés de l'exil, avaient été rétablis dans leurs biens et dans leurs dignités. Pour comble de bonheur, Louise de Savoie mourut en 1531, et le principal persécuteur des *inextricables sacrificateurs des finances*, comme elle les appelait, disparut de la scène. Antoine Bohier, que n'avaient pu défendre ses titres de conseiller du roi et de général des finances, releva la tête et reprit courage. Ne pouvant payer les dettes paternelles sans se ruiner, il tenta une transaction, et, pour mieux réussir, il eut l'adresse d'offrir au roi son beau château de Chenonceau avec plusieurs autres. François Iᵉʳ, amoureux des élégantes constructions, et d'ailleurs épris de Chenonceau, accepta cette offre avec empressement, et fit procéder à la ventilation des domaines délaissés. La terre de Chenonceau fut prisée par le lieutenant du bailli de Touraine, au nom du roi, et évaluée 90,000 livres tournois, avec un revenu de 2,500 livres.

Cette évaluation ayant été attaquée plus tard comme frauduleusement exagérée, il importe d'en examiner les bases. Les différentes terres et seigneuries cédées au roi par Bohier avaient coûté à son père, par contrats authentiques que le château possède encore, 31,576 livres 10 sols. La construction du château, abstraction faite du pont et de la galerie qui n'existaient point alors, ne saurait être estimée à un moindre chiffre. Pour transformer cette somme en valeurs actuelles, eu égard à la différence du prix des denrées, des matériaux et des salaires aux deux époques, il faut la multiplier par vingt. D'après cette proportion, les 25,000 ou 30,000 livres auxquelles nous estimons la construction du château par Bohier, représenteraient donc de 500,000 à 600,000 fr. de notre monnaie actuelle, chiffre qui ne semble pas exorbitant. Sur ces bases, la terre et le château de Chenonceau pouvaient être estimés justement, au temps d'Antoine Bohier, de 55,000 à 60,000 livres : il y avait donc exagération d'un tiers environ dans le prix de l'immeuble.

Quoi qu'il en soit, Bohier paya au roi, tant en biens-fonds délaissés qu'en argent, une somme de 150,000 livres, dans laquelle Chenonceau entra pour 90,000. François Ier commit Anne de Montmorency pour signer le traité avec Antoine et lui donner quittance, ce qui fut exécuté à Abbeville, le 28 mai 1535. Comme il manquait encore 40,000 livres pour parfaire le total de la dette, le roi en fit remise pure et simple, à titre de don gracieux, en considération des services du débiteur.

En conséquence de ce règlement, la famille Bohier fut déclarée déchargée de toute réclamation ultérieure pour le payement des 150,000 livres, sans qu'on pût jamais lui rien redemander de ce chef. En lui donnant cette décharge avec main levée d'hypothèque, François Ier s'engagea, « en bonne foi et parole de roi, » à ne jamais revenir sur cette transaction, et pour garantie de cette promesse, il obligea ses biens meubles et immeubles, présents et à venir, et ceux de ses successeurs et ayants cause. On pourrait croire qu'un contrat solennel où le roi, avec sa parole royale, donnait une hypothèque sur tous ses biens, serait scrupuleusement respecté : nous verrons bientôt par quelles chicanes misérables on trouva moyen, quinze ans plus tard, de faire casser la transaction du 28 mai 1535, et de protester la signature de François Ier.

Devenu propriétaire de la terre et du château de Chenonceau, le roi ne tarda pas à en faire prendre possession. Il donna cette commission à messire Philibert Babou, seigneur de Tusseau et de la Bourdaisière, trésorier de France à Tours. Celui-ci se présenta à Chenonceau le 11 février suivant, et prit possession réelle et actuelle du château avec toutes les formalités requises à cette époque. Babou, en qualité de trésorier de France, conserva la haute intendance de ce domaine pendant toute la durée du règne.

François Ier avait visité Chenonceau du temps de Thomas Bohier, comme il nous l'apprend lui-même, et ses courses dans les forêts d'Amboise et de Montrichard, où il allait « souvent chasser et prendre son passe-temps », l'avaient fréquemment appelé sur les bords du Cher, en ce « beau et plaisant pays ». Il dut y revenir plus d'une fois quand il en fut le maître, et Chenonceau servit sans doute de rendez-vous de chasse. Les mémoires contemporains sont malheureusement muets sur ces visites, et nous ne pouvons constater que deux voyages de la cour à Chenonceau. Le premier eut lieu au mois d'août 1538 : le roi était suivi de toute sa cour, y compris sa seconde femme Éléonore d'Autriche, et sa maîtresse la duchesse d'Étampes. A son exemple, son fils aîné voyageait en compagnie de la dauphine et de Diane de Poitiers. François Ier revint à Chenonceau, probablement pour la dernière fois, au printemps de 1545. La cour habitait alors le Plessis-lez-Tours, où le roi essayait de cacher ses chagrins et les souffrances de la maladie de langueur qui le consumait. Pour distraire le vieux roi de ses soucis, on organisa une partie de chasse sur les bords du Cher, et la présence du dauphin à cette fête nous indique suffisamment que la duchesse de Valentinois fut du voyage.

François Ier, quoiqu'il aimât beaucoup la truelle, ne fit point travailler à Chenonceau. Il avait cependant donné au trésorier Babou, par lettres du 22 janvier 1536, la charge de veiller aux constructions qu'il voulait faire élever à Loches et à Chenonceau. Les projets d'embellissement ou d'augmentation que le roi nourrissait ne paraissent avoir reçu aucun commencement d'exécution. Le château ne fut même pas meublé, et ne pouvait l'être avec les goûts nomades du roi. La cour était sans cesse en mouvement, et visitait successivement toutes les habitations princières, sans beaucoup séjourner dans aucune. Avec de telles habitudes, il était impossible de meubler d'une manière convenable toutes les résidences royales, et l'on y manquait souvent des choses les plus nécessaires. Dans tous ses voyages, le roi se faisait suivre de ses meubles, de ses tapisseries, de son linge, de sa vaisselle, que l'on transportait dans des fourgons, et la garde de tous ces objets était confiée à des valets de chambre tapissiers qui avaient les fourriers sous leurs ordres. Ceci nous explique la pauvreté du mobilier qui fut inventorié à Chenonceau, au mois de juillet 1547, peu de temps après la mort de François Ier. Cet inventaire mentionne seulement quelques tables de chêne, quelques buffets de chêne ou de noyer, des tréteaux, des escabeaux, des landiers de fer sans chaufferettes, des chandeliers de bois pendus aux soliveaux, et douze tonneaux de vin de Beaune, d'Anjou, d'Orléans et d'Arbois, récoltés dans les vignes de Chenonceau. La pièce la plus importante de tout le mobilier est « un tymbre de cloche avec sa huche de boys », qui était sans doute l'œuvre de Julien Couldroy, d'Amboise, « orlogeur du roi ».

Chenonceau, comme on le voit, avait été bien délaissé pendant douze ans. La mort de François Ier, arrivée à Rambouillet le 31 mars 1547, le tira de sa solitude et de son abandon. Avec Henri II et sa maîtresse Diane de Poitiers, allait commencer pour notre château une ère de fêtes, de plaisirs et d'embellissements, que la mort de Catherine de Médicis, quarante-deux ans plus tard, devait seule interrompre.

V

HENRI II ET DIANE DE POITIERS

1547-1559

Diane de Poitiers est célèbre dans nos annales par sa beauté, sa grâce, ses faiblesses, et l'influence extraordinaire qu'elle sut conserver jusqu'à la fin sur Henri II. Les arts, la littérature, le théâtre lui ont donné une auréole d'éternelle jeunesse, et elle ne nous apparaît plus aujourd'hui qu'à travers les créations de Jean Goujon et du Primatice. Tous les poètes du temps ont célébré avec ravissement son incomparable beauté, qui défiait les années, beauté si merveilleuse que, si nous en croyons Brantôme, Théodore de Bèze et Pasquier, il fallait des philtres et des charmes pour l'expliquer. Ce n'était pourtant pas une beauté grecque, pleine de noblesse et de distinction; c'était plutôt une beauté gauloise, même un peu vulgaire, mais peu sensuelle, et qui, sans doute, empruntait sa principale séduction au feu du regard, au jeu de la physionomie et au charme d'une parole spirituelle et enjouée. A étudier cette nature de plus près, dans son intimité, on y découvre des laideurs morales qui jettent un voile sur l'éclat de cette physionomie : un esprit étonnant de ruse et de chicane, un amour effréné de l'argent, de la sécheresse de cœur, et même de la dureté pour les malheurs des pauvres et des petits.

Diane naquit le 3 septembre 1499. Elle était fille de Jean de Poitiers, comte de Saint-Vallier, et de Jeanne de Bastarnay. Du

côté de son père, elle était alliée à la maison de France par les
bâtards ; du côté de sa mère, elle était alliée aux Médicis par les
Boulogne. A l'âge de quinze ans, elle épousa Louis de Brezé,
qui en comptait cinquante-cinq. Il y avait entre les époux une
singulière disproportion d'âge, et de plus Brezé était, dit-on, le
plus laid des gentilshommes de son temps et même bossu.
Mais il était grand sénéchal de Normandie, petit-fils de
Charles VII et d'Agnès Sorel par sa mère, Charlotte de
France, et il avait d'immenses propriétés. Sa haute situation
et aussi sa grande fortune séduisirent une jeune fille ambi-
tieuse et cupide, qui aspirait à jouer un rôle politique. Le
mariage se fit donc, et Diane entra sur la scène en 1514, toute
parée de sa juvénile beauté.

Ainsi armée pour la guerre, Diane parut à la cour, et bientôt
elle y gagna tous les suffrages. N'oubliant jamais ses intérêts,
elle profita de sa première influence pour revendiquer les droits
de sa famille à la terre de Valentinois. Les circonstances étaient
favorables, car le roi venait de retirer ce duché à César
Borgia pour punir le prince italien de s'être associé aux ennemis de la France. La grande sénéchale réussit ; mais en obte-
nant l'usufruit de ce duché, elle ne put obtenir tout d'abord le
titre de duchesse.

Un événement terrible vint alors occuper toutes ses pensées,
et la distraire des soucis de sa propre fortune.

Le père de Diane, impliqué dans la révolte du duc de Bourbon, avait été arrêté et jeté dans les cachots du château de
Loches. Louis de Brezé et sa femme se mirent en mouvement et
firent agir tous leurs amis en faveur de Saint-Vallier ; mais le
roi se montra dur et impénétrable. Le coupable, condamné à la
peine capitale, fut conduit en place de Grève, plus mort que vif,
pour y être décapité, le 17 février 1524. Au moment où la
terrible sentence allait être exécutée, un archer apporta, non la
grâce, mais une commutation de peine ; et Jean de Poitiers,
dont les cheveux avaient blanchi en une nuit, dut expier dans
une affreuse prison ses intrigues et ses complots.

Le grand sénéchal mourut en 1531, laissant deux filles. Sa
veuve fit éclater une douleur fastueuse, et se condamna à un deuil

perpétuel, mêlé de noir et de blanc, sans que la coquetterie eût
trop à souffrir de ce costume sévère, n'étant point, dit Brantôme, « de ces veuves hypocrites et marmiteuses, qui s'enter-
rent avec le défunt. » C'est alors que Diane de Poitiers commença
à prendre une figure politique. Devenue à trente-sept ans la
maîtresse avouée du dauphin, qui n'en avait que dix-huit, elle
embrassa avec lui ce rôle d'opposition qui semble réservé à
l'héritier présomptif de la couronne ; et, pendant que la duchesse
d'Étampes soutenait assez ouvertement les novateurs et les
protestants, elle se mit à la tête du parti catholique.

La mort de François Ier, en 1547, en appelant Henri II
au trône, donna le pouvoir à la duchesse de Valentinois,
et celle-ci, malgré ses quarante-huit ans bien sonnés, sut le
saisir et le garder toute la durée du règne. Le premier profit
qu'elle en tira fut d'humilier et de dépouiller sa rivale, qui lui
avait disputé l'influence et la beauté. Henri II reprit à la
duchesse d'Étampes la terre et le château de Limours, confis-
qués sur Jean Poncher, beau-père d'Antoine Bohier, et en fit
don à sa maîtresse. Ce ne fut pas la seule faveur qu'obtint la
grande sénéchale, toujours avide et insatiable. Le roi lui abandonna les deniers qui provinrent de la confirmation de tous les
officiers de France, usitée à chaque changement de règne ; il
lui restitua la terre d'Anet, mise depuis longtemps sous
séquestre, et lui laissa prendre la meilleure partie d'un impôt
de 20 livres par cloche, ce qui faisait dire plaisamment à Rabelais
que le roi avait pendu toutes les cloches de son royaume au col
de sa jument. Enfin, par lettres patentes de juin 1547, la favorite obtint le château de Chenonceau.

Ce don fut motivé, selon les lettres patentes, sur les grands
et très recommandables services que Louis de Brezé, mort seize
ans auparavant, avait rendus à l'État, services si notoires,
est-il dit, que tout le monde les connaît et qu'il est inutile de les
détailler. Qu'on aille donc accuser les princes d'ingratitude ! Le
roi ajoute que la terre de Chenonceau n'a jamais été incorporée
au domaine royal, et que, par conséquent, elle est à sa libre
disposition : clause de précaution contre les réclamations pos-
sibles du Domaine. Il termine en transmettant à la duchesse

tous ses droits sur les biens des Bohier, dans le cas où les revenus de Chenonceau seraient inférieurs à l'estimation officielle de 1535. Ces lettres, libellées avec tant de soin, furent entérinées à la Chambre des comptes, au bureau des finances de Tours et au bailliage d'Amboise ; et, pour compléter toutes les formalités, Bernard de Rutie, abbé de Pontlevoy, mandataire de Madame de Valentinois, vint prendre possession de Chenonceau, le 1er juillet 1547.

Malgré ce luxe de précautions, Diane n'était point tranquille. Elle savait, par une expérience récente, comment on dépouille une favorite tombée, et d'ailleurs Catherine de Médicis, outrée d'une si insolente fortune, avait fait entendre de sourdes menaces. Il fallait donc aviser, par toutes les subtilités de la chicane, à effacer la tache domaniale de Chenonceau, et voici comment on s'y prit.

Antoine Bohier fut assigné, en 1550, pour voir annuler la transaction du 28 mai 1535, comme entachée de fraude, le vendeur ayant trompé le Trésor de plus de la moitié du prix de l'immeuble. Nous avons montré plus haut que la lésion ne dépassait pas le tiers du prix, ce qui, d'après la législation, n'autorisait pas la rescision du contrat. En vain Bohier représenta que ce contrat avait quinze ans de date ; que François Ier s'était engagé « en bonne foi et parole de roi » à ne jamais revenir sur cette transaction, et avait même donné hypothèque sur tous ses biens pour la garantie de cette promesse ; et que d'ailleurs l'estimation avait été faite par un homme du roi. Ces raisons ne furent point écoutées. Bohier en appela alors de la Chambre des comptes au Parlement ; mais Henri II évoqua l'affaire en son grand Conseil, où il figurait à la fois comme juge et partie, et Bohier se trouva menacé de redevenir *propriétaire malgré lui.*

Le malheureux défendeur n'avait pas attendu jusque-là dans la crainte d'être décrété de prise de corps, et, renonçant à se défendre contre la haine ou le caprice d'une femme, il s'était enfui à Venise. Il faut avouer que l'histoire des grands financiers n'était pas de nature à l'encourager, et les désastres récents de sa propre famille lui conseillaient une extrême prudence. En son absence, le procès fut poursuivi par défaut. Il comprit enfin qu'il fallait céder, et, du fond de sa retraite, par acte du 21 décembre 1553, il consentit à l'annulation du traité de 1535, à sa réintégration comme propriétaire de Chenonceau, et à la mise en vente de ses biens pour désintéresser le Trésor. C'était là précisément qu'on voulait l'amener.

La terre de Chenonceau, saisie judiciairement sur Antoine Bohier, fut donc mise en adjudication. Diane de Poitiers, indifférente en apparence au début, n'éleva pas la moindre opposition contre les mesures qui semblaient devoir la dépouiller de ce magnifique domaine. C'était pour elle, en effet, que l'on travaillait. Des adjudicataires peu sérieux se présentèrent, et Diane, ayant porté ses offres au chiffre de 50,000 livres, le 8 juin 1555, se vit adjuger la terre de Chenonceau pour ce prix, qu'elle ne paya jamais, comme on le pense bien. Puis, comme Bohier était encore redevable de 40,000 livres envers le Trésor, on le rappela d'Italie, et pour obtenir la ratification de cette singulière procédure, on lui fit remise gracieuse de ce reliquat, sous l'étonnant prétexte qu'après tout la terre valait bien les 90,000 livres marquées au contrat de 1535! On ne se souciait guère d'être conséquent.

Par ces manœuvres habiles, la duchesse de Valentinois crut avoir effacé la tache domaniale de sa nouvelle propriété, et s'être prémunie contre les réclamations futures du Trésor. Elle possédait Chenonceau, en effet, non en vertu de lettres patentes du roi, mais en vertu d'une adjudication régulière. Tout était sauvé. Nous verrons plus loin à qui profita cette étrange machination.

Pendant le procès qui rendait Bohier propriétaire malgré lui, Diane n'avait pas cessé de se considérer comme maîtresse absolue de Chenonceau, d'en percevoir les revenus et d'y faire exécuter d'importants travaux pour la création de son parterre.

Le goût des jardins élégants venait d'être introduit en France par Charles VIII. Épris de tout ce qu'il avait vu en ce genre en Italie, le jeune roi avait amené avec lui, de Naples, messire Passelo de Mercogliano, fameux horticulteur du temps. Cet artiste, car nous ne saurions lui donner un autre nom, dessina et planta le parterre du château d'Amboise, disposa le parc qui couvrait une partie de la colline, et établit le potager royal de Château-Gaillard sur les bords de l'Amasse, avec des serres naturelles dans les flancs du coteau. Louis XII, qui fit de Blois sa résidence favorite, emmena Passelo avec son fils Edme, et leur confia la création et la direction des jardins royaux, aux gages de 300 livres par an. Sous l'influence de l'artiste italien, l'horticulture prit un grand essor. D'après les croquis et les descriptions qui nous en restent, les jardins du xvie siècle se composaient de compartiments de toutes sortes de figures, les unes géométriques, les autres de pure fantaisie et dessinant de capricieuses arabesques et d'élégantes broderies ; ces compartiments étaient remplis de massifs de fleurs odoriférantes, auxquelles on demandait moins l'éclat que l'odeur ; le tout était bordé de buis ou de romarin, avec des avenues de grands arbres, des palissades de coudriers et de charmes, et des haies d'aubépine. De longs berceaux de charpente, couverts de treilles et flanqués de cabinets ombreux, entouraient le parterre ou le divisaient en plusieurs jardins particuliers. Les arbres et les arbustes étaient taillés en figures bizarres et peuplaient les parcs d'un monde d'êtres fantastiques. Enfin des cuves de marbre avec de maigres jets d'eau complétaient la décoration froide, symétrique et étrange des jardins italiens, où tout semblait subordonné à une loi unique : la fraîcheur, l'ombre et le mystère.

C'est dans ce goût étranger que Diane de Poitiers entreprit de construire un parterre à Chenonceau, sur la rive droite du Cher, au levant du château, dans un carré de la contenance de deux hectares. Elle le protégea contre les inondations par une forte levée de terre gazonnée, l'enveloppa de douves et l'entoura d'une terrasse. Ces travaux préliminaires, commencés au printemps de l'année 1551, employèrent plus de 14,000 journées d'ouvriers de toute espèce, et la dépense ne s'éleva pas à moins de 3,055 livres, somme fort considérable pour le temps. Le jardin était à la fois un parterre, un verger et un potager. Pour le planter, Diane fit appel à tous ceux qui possédaient les

plus beaux jardins de la Touraine. Deux archevêques de Tours
lui prodiguèrent les trésors de leurs magnifiques jardins de
Vernou, et la plantation des arbres fut confiée à un habile jardinier de Tours, nommé Nicquet, qui gagnait quatre sols par
jour, tandis que les autres ouvriers étaient taxés à deux sols et
demi seulement. Pour surveiller et diriger la marche de toutes
ces plantations, l'archevêque Simon de Maillé envoya son jardinier de Vernou, qui passa toute une saison à Chenonceau, à
raison de neuf sols par semaine. Enfin, pour compléter la décoration, Cardin de Valence, fontainier de Tours, vint établir les
fontaines. La garenne ne fut pas négligée. Des allées y furent
percées, avec des cabinets de verdure, un jeu de paume et un
jeu de bague ; et le jardinier de Vernou y dessina, dans le parc
de Chisseau, un *dedalus*, labyrinthe inextricable où l'on pouvait
errer longtemps dans les isoloirs sans trouver l'issue. La
dépense totale dépassa 5,000 livres.

Cette dépense fut, sans aucun doute, payée par le roi,
car, en 1552, Henri II donna à Diane 5,500 livres à prendre en
pur don sur les revenus de la sénéchaussée des Landes, « en
faveur, est-il dit, des recommandables services qu'elle a ci-
devant faits à notre très chère et très amée compaigne la
royne. »

Ce ne furent pas là les seuls travaux de Diane. Voulant bâtir
un pont à Chenonceau et réaliser le rêve de Thomas Bohier, elle
en confia l'exécution à Philibert de l'Orme, son architecte ordinaire. Le célèbre architecte lyonnais vint à Chenonceau au commencement de l'année 1556, et dressa les plans. L'œuvre fut
commencée par Pierre Hurlu, maître maçon de Montrichard,
assisté de Jean Philippon de Vienne, maître appareilleur employé
au château de Fontainebleau, à raison de dix sols par jour.
Hurlu étant mort, les travaux furent poursuivis par Jacques Le
Blanc, Claude Lenfant et Jacques Chanterel, maîtres maçons de
Blois et de Paris, et achevés par Jean Norays, de Loches. Le
pont fut reçu par Jacques Coqueau, d'Amboise, maître maçon de
Chambord, et par André Roussel et Michel Gallebrun, maîtres
maçons de Tours : il avait coûté environ 9,000 livres, et cette
somme fut payée par le trésorier des bâtiments du roi.

Nous empruntons ces chiffres et ces détails aux comptes de Diane de Poitiers, tenus avec beaucoup d'exactitude pendant douze années par le receveur André Bereau, et vérifiés avec une extrême rigueur par des commissaires députés à cet effet. Ces comptes nous donnent de précieux renseignements sur la culture des vignes et des céréales à cette époque, sur le prix des denrées et sur les salaires des ouvriers. Ne nous étonnons point de voir à cette date un maître maçon gagner seulement quatre sols ; un simple journalier, deux sols et six deniers ; et une femme, vingt deniers ; car le froment valait, en 1547, de 15 à 17 sols l'hecto-litre, et le vin, trois livres le poinçon (250 litres). Le régisseur n'avait que 60 livres de gages, sans nourriture et sans chauffage, et encore, avec ce modique salaire, la duchesse refusait souvent de lui tenir compte de ses déplacements ou de ses travaux extraordinaires. Ces comptes nous montrent Diane sous un jour fâcheux de rapacité : dès sa prise de possession, les amendes, taxées par son bailli, montent à 64 livres (environ 1,200 francs) dans une année, et jamais nous ne voyons la châtelaine de Che-nonceau faire une seule aumône aux indigents de la paroisse, même pendant la grande famine de 1557. Cette femme était sans entrailles.

Non contente d'embellir Chenonceau, Diane voulut en agran-dir le domaine. Une terre assez importante s'était créée à sa porte, à Chisseau, par les soins de Adam de Hodon, ambassa-deur ordinaire en France de la belle-sœur de François Ier, Madame Renée de France, duchesse de Ferrare. Hodon avait doté cette terre d'un moulin à blé qui étendait son droit de bana-lité sur tous les sujets de la seigneurie à une lieue à la ronde : c'est le Moulin-Fort, belle construction élevée en 1546, sur le plan de l'ancien moulin fortifié des Marques, avec l'autorisation de la corporation des marchands fréquentant la rivière de Loire. Jalouse de ce voisinage, la duchesse de Valentinois résolut de le supprimer. L'ambassadeur de Madame Renée était trop bon courtisan pour rien refuser à la favorite, et il lui céda sa terre, en 1556, pour 25,000 livres tournois. Diane avait aussi acheté des vignes sur le coteau d'Amboise, près du château, avec le dessein d'y bâtir une maison, pour moins perdre de vue son royal esclave; mais ce projet n'eut pas de suites, ou fut arrêté par la mort du roi.

Henri II, blessé par Montgomery pendant les fêtes du mariage des deux filles de France, mourut le 10 juillet 1559, après onze jours d'agonie. La disgrâce de la favorite avait précédé la mort du roi. Diane tenta vainement de le voir: elle trouva toutes les portes fermées par une haine vigilante, et elle dut se réfugier dans un de ses hôtels. Il y eut pour elle un moment terrible, où Tavannes offrit à la reine d'aller couper le nez à la maîtresse déchue : la duchesse ne dut la vie qu'à l'intervention de son gendre, le duc d'Aumale, l'un des quatre Guise. Pour sauver une partie de ses biens, elle fut forcée d'abandonner Chenonceau à Catherine de Médicis, en échange de Chaumont-sur-Loire. Cette transaction eut lieu à la fin de l'année 1559.

La duchesse de Valentinois se retira dans sa terre de Limours, et elle y passa les six dernières années de sa vie, loin de la politique et de la cour. Ainsi disparut de la scène cette femme célèbre, qui exerça sur son époque une sorte d'enchantement et de fascination. La morale et l'histoire doivent la condamner, mais l'art et la littérature peuvent être plus indulgents. A l'exception de Marot, tous les hommes de lettres eurent part à ses encouragements, et tous les artistes ont vécu du mouvement qu'elle imprima autour d'elle. Elle a laissé derrière elle, dans vingt monuments splendides, une trace éblouissante de son passage et de son influence. L'exil lui fut fatal, comme à toutes les royautés tombées. Diane mourut à Anet le 25 avril 1566 : ses enfants lui élevèrent un superbe mausolée, et les arts lui durent encore quelque chose même après sa mort.

VI

CATHERINE DE MÉDICIS

1559-1589

La reine mère inaugura la possession de Chenonceau par une fête magnifique, malgré le deuil profond dans lequel elle avait d'abord feint de vouloir s'ensevelir. Au mois de mars 1560, la cour était à Amboise, et elle venait de traverser les émotions de la conspiration de la Renaudie. Le château, entouré d'images funèbres, devint un séjour odieux, et les dames demandèrent un changement de résidence. Catherine de Médicis, se rendant à leurs désirs, fit organiser à Chenonceau de superbes *triomphes* à l'intention de François II et de Marie Stuart. L'entrée triomphale des jeunes princes eut lieu le dimanche, dernier jour de mars.

La partie matérielle de la fête fut préparée par les soins de Hélie de Odeau, seigneur de Paradis et contrôleur général de la maison de la reine, et de Lambert, capitaine du château. La partie artistique fut confiée au Primatice, qui, un peu négligé sous le règne de Henri II, était alors au plus haut degré de la faveur et humiliait son rival Philibert de l'Orme. C'est lui qui, en qualité de surintendant des bâtiments de la couronne, ordonna la fête, modela les différentes statues et dessina les costumes des divers personnages qui parurent dans le *triomphe*. Quant aux devises, inscriptions et vers, il faut sans doute les attribuer à ces poëtes de cour que Charles IX devait bientôt attacher à sa personne. La fête, d'ailleurs un peu pédantesque, eut donc tout à la fois un caractère artistique et littéraire, avec un singulier mélange de naïveté champêtre. La mythologie, qui devait envahir prochainement toutes les cérémonies de ce genre, n'y fit qu'une apparition timide.

Grâce au concours des artistes, des poëtes et des savants, rien ne fut épargné pour donner à cette réception royale un cachet exceptionnel d'art, de grandeur et de nouveauté. Les arcs de triomphe, les obélisques, les colonnes, les statues, les fontaines jaillissantes, les autels antiques, étaient chargés d'emblèmes et d'inscriptions empruntées aux grands poètes de Rome, de la Grèce et de l'Italie moderne. Les feux artificiels y mêlèrent leurs surprises, « dont tout le monde, les yeux ouverts et les bouches béantes, non seulement fut esbahy, mais estonné de joie et grande admiration pour n'avoir esté auparavant ce jour jamais veu chose semblable ; » enfin, trente canons, rangés en bataille sur la terrasse de la rivière, y ajoutèrent, par leurs salves répétées, quelque chose d'imposant.

Telles furent les fêtes qui succédèrent aux émotions bien diverses du tumulte d'Amboise. Bientôt le printemps, si doux en Touraine, vint apporter sa poésie ravissante, et faire de Chenonceau et de ses jardins un séjour enchanté. C'est là que la reine d'Écosse, au milieu des premiers enivrements de la jeunesse, passa les jours les plus délicieux de sa vie agitée. Et plus tard elle songeait peut-être au riant séjour de Chenonceau et à l'accueil triomphal qu'elle y avait reçu avec François II, lorsqu'elle soupirait mélancoliquement dans la *complaincte* de son deuil :

> Si en quelque séjour,
> Soit en bois ou en prée,
> Soit sur l'aube du jour
> Ou soit sur la vesprée,
> Sans cesse mon cueur sent
> Le regret d'un absent !...

Cinq ans plus tard, la reine mère reçut à Chenonceau son second fils Charles IX, et elle l'y fêta pendant quatre jours, du samedi 1er décembre 1565 au mercredi suivant; mais nous n'avons aucun détail sur cette réception. En quittant la Touraine, le roi se rendit à Moulins, en Bourbonnais, où il séjourna trois mois. Pendant ce séjour, il fit don à son frère Henri des duchés d'Anjou et de Bourbonnais, du comté de Forez et de la seigneurie de Chenonceau, pour en jouir à titre de pairie et d'apanage, le tout réversible à la couronne au défaut d'hoirs mâles et légitimes.

Malgré cette donation, Catherine n'en demeura pas moins propriétaire réelle de Chenonceau, et nous la voyons, en 1577, offrir dans cette résidence à ses deux fils, Henri III et le duc d'Alençon, la plus fameuse de toutes ses fêtes. Le 2 mai, le duc d'Alençon avait repris sur les protestants la ville de la Charité, et ce succès méritait d'être célébré. Le 15 du même mois, le roi donna un grand festin à son frère au Plessis-lez-Tours, et le sombre château de Louis XI vit une de ces fêtes orientales auxquelles son fondateur ne l'avait guère habitué. Les dames y parurent en habits d'hommes, vêtues de vert (c'était la couleur des fous), et firent le service à la place des officiers de la cour. Tous les assistants furent aussi habillés de vert, et la dépense de ces vêtements ne s'éleva pas à moins de 60,000 livres.

Le dimanche suivant, Catherine de Médicis fêta à son tour le jeune triomphateur et ses compagnons de guerre. Elle reçut la cour à Chenonceau, et lui offrit un banquet dont le faste licencieux devait éclipser celui du Plessis. Les traits principaux de cette orgie nous ont été transmis par Pierre de l'Estoile, dans le *Journal de Henry III*.

Le festin eut lieu dans le jardin, derrière la grosse tour, près de la fontaine du Rocher. Le roi y figura habillé en femme, comme il le faisait ordinairement dans les fêtes, ouvrant son pourpoint et découvrant sa gorge, avec un collier de perles et trois collets de toile, dont deux à fraise et un rabattu, tels que les portaient les dames de la cour.

> Si qu'au premier abord chascun estoit en peine
> S'il voyoit un roy-femme, ou bien un homme-reyne.

Il avait sans doute près de lui ses singes, ses perroquets et ses petits chiens, avec leurs *gouverneurs*, lesquels (nous ne parlons pas des gouverneurs) partageaient sa tendresse avec ses favoris. Au-dessous du roi s'assirent ses mignons, tous fardés, peints, frisés et pommadés, comme leur maître, avec de grandes fraises empesées, larges d'un demi-pied, « de façon, dit l'Estoile, qu'à voir leurs testes dessus leurs fraises, il sembloit que ce fust le chef de saint Jean en un plat. » Les trois reines assistaient au festin. Catherine, malgré ses soixante ans, prenait part, sans pudeur, à l'orgie, et ne rougissait point d'y traîner sa fille Marguerite et sa bru Louise de Lorraine. Les reines étaient accompagnées de leurs dames et de leurs filles d'honneur, et de tout l'*escadron volant*. Comme au banquet du Plessis, le service fut fait par les dames de la cour, à demi nues et ayant leurs cheveux épars comme les nouvelles épousées. Toutes portaient des costumes masculins de damas de deux couleurs, et, par un renversement étrange, elles avaient échangé avec les hommes leurs vêtements et leurs fonctions, ce qui n'empêche pas l'Estoile d'affirmer que « tout y estoit en bel ordre ».

L'imagination pourrait aller loin en décrivant la fête de Catherine, sans trouver la mesure des magnificences extravagantes qui y furent prodiguées. Bornons-nous à dire qu'elle coûta près de 100,000 livres, c'est-à-dire environ un million et demi de notre monnaie. On leva cette somme énorme par forme d'emprunt sur les plus aisés serviteurs du roi, et même sur quelques Italiens, qui surent bien s'en rembourser au double. C'est par de telles folies que la reine mère préparait la vente à l'encan et la banqueroute qui devaient clore les comptes de sa succession.

Le lendemain de cette fête, le duc d'Alençon s'arracha aux délices de Capoue et s'en alla en Auvergne attaquer Issoire, dont un huguenot s'était emparé trois ans auparavant. La ville se rendit le 2 juin, et le roi, qui se trouvait encore à Chenonceau, fut si heureux de cet événement qu'il voulut changer le nom du château et lui imposer celui de *Bonne-Nouvelle*, dénomination que l'usage n'a point consacrée.

La reine mère visita fréquemment Chenonceau, qui était son séjour de prédilection, pour surveiller les grands travaux qu'elle y faisait exécuter. Elle s'occupa d'abord des jardins.

Introduit en France par messire Passelo, le jardin italien
devait subir, avant de se transformer entre les mains de Le Nôtre
et de devenir le genre français, une modification assez importante par les soins de Bernard Palissy. Le célèbre potier de terre
a exposé lui-même ses idées dans son *Dessein d'un jardin délectable*, écrit spécialement pour Chenonceau et dédié à la reine
mère. Il emprunte au style italien la division du jardin en compartiments symétriques, les allées à angle droit, les avenues
d'ormeaux, les tonnelles et les cabinets de verdure; mais ce qui
est entièrement propre à Palissy, ce qui est nouveau, c'est le
goût de la nature qu'il introduit dans le jardin, c'est l'idée de
marier le jardin avec le paysage environnant, avec le coteau, la
prairie et la rivière; ce sont ces grottes rustiques, ces rochers
dégouttants d'eau, ces fontaines, ces ruisseaux aux méandres
capricieux avec des îles et des ponts, ces mouvements de terrain
qui unissent la colline à la plaine. Palissy eût trouvé le jardin
moderne s'il n'eût été trop préoccupé des travaux de son art de
terre et de ses figures émaillées.

C'est d'après ce plan que fut dessiné, en 1564, le parc de
Francueil, où l'on retrouve encore les traits principaux du jardin
délectable. Palissy dut créer aussi à Chenonceau la volière et la
fontaine du Rocher. Un maître fontainier, Picard Delf, disposa
les petites eaux du *Jardin vert*. Quant au jardin vert lui-même,
tout planté d'arbres à feuillage persistant, comme c'était une
idée italienne, la reine mère en confia le soin à un maître italien,
et elle appela à cet effet, du fond des Calabres, Henri le *Calabrese*, aux gages de 200 écus par an. En 1586, le Calabrese était
vieux, et Catherine lui donnait pour suppléant un autre Italien,
Jehan Collo, dit *Messine*, du nom de son pays natal.

En même temps qu'elle embellissait ses jardins, Catherine ne
négligeait pas les choses utiles. Diane de Poitiers avait déjà
importé les mûriers blancs à Chenonceau. La reine mère, pour-
suivant les essais séricicoles tentés par la duchesse de Valentinois, éleva des vers à soie sur une vaste échelle, créa la magna-
nerie de Chenonceau et établit une filature de soie au château
des Houdes. Dès ce moment, la sériciculture prit des développe-
ments rapides en Touraine. La viticulture ne fut pas moins rede-

vable à la reine mère, car c'est elle qui introduisit le plant de Tournon dans son vignoble de Chenonceau.

Se trouvant logée beaucoup trop à l'étroit dans le château des Bohier, Catherine n'avait pas tardé, après la création de ses parcs et de ses jardins, à entreprendre de vastes constructions qui lui permissent de recevoir sa cour et d'y célébrer des fêtes brillantes. Elle agrandit, par une voûte jetée sur le Cher, la terrasse qui unit la chapelle à la *librairie*, et la couvrit de deux appartements qui viennent de disparaître récemment; elle couronna le pont de Diane d'un double étage de galeries, et donna à cette construction accessoire une importance qui efface le pavillon principal, et dont la lourdeur, il faut bien l'avouer, contraste d'une manière fâcheuse avec la grâce et la délicatesse de l'œuvre de Bohier, si essentiellement française. La reine mère avait fait venir d'Italie des médaillons, des bustes, des statues, des vases en marbre et en porphyre, tant antiques que modernes, et elle en peupla toutes les parties du château, et particulièrement la grande galerie des fêtes, au rez-de-chaussée. Elle enrichit les plafonds de peintures et de dorures, garnit les appartements d'un mobilier somptueux, et créa une belle *librairie*. Entre ses mains, le château de Chenonceau devint un véritable palais d'une magnificence royale, où s'accumulèrent les chefs-d'œuvre des arts et de l'esprit humain.

La galerie du château fut bâtie de 1570 à 1576, très probablement sur les plans de Philibert de l'Orme, par les soins de Denis Courtin, qui était contrôleur des bâtiments de Blois et maître maçon de Catherine à Chenonceau. On le sait, de l'Orme avait déjà bâti le pont, et même il avait préparé pour Diane le plan d'une galerie à un seul étage ; il semble donc naturel qu'on ait continué ce travail après sa mort suivant les projets qu'il avait dessinés. Tout, d'ailleurs, dans cet édifice, porte l'empreinte de la manière de Philibert.

La construction de la galerie n'était que le prélude de travaux beaucoup plus importants, dont les plans nous ont été transmis par l'architecte du Cerceau. La galerie devait être terminée au midi par un grand salon ovale percé de huit fenêtres sur le Cher; le château lui-même recevait de chaque côté des annexes considérables, bâties dans le lit de la rivière ; dans la cour, la tour disparaissait avec les douves, et un triple portique elliptique s'y déployait, orné d'une forêt de colonnes sur quatre rangs, dans le genre de celui de la place Saint-Pierre à Rome ; enfin l'avant-cour, flanquée de deux ailes obliques, se fermait au nord par un corps de logis terminé par deux pavillons, et s'ouvrait sur l'avenue principale par un vestibule à colonnades. Ce projet était si grandiose, que le château actuel passait à l'état d'accessoire.

Ce plan gigantesque ne fut pas exécuté. Catherine se borna à construire, mais sur des proportions plus modestes, une des ailes obliques de l'avant-cour. La maçonnerie de ce bâtiment fut faite par Mathurin Hurlu, maître maçon de Bléré, pour 245 écus. La charpente fut entreprise par Denis Savaré ou Saboré, maître charpentier d'Amboise, pour 60 écus au soleil, et la couverture, confiée à François Gourdet, maître couvreur, coûta 120 écus. La charpente, disposée en forme de couronne fermée ou couronne impériale, fit donner à ce bâtiment le nom de *Dômes à l'impériale*. La disposition singulière de cette charpente *à la Philibert* et le caractère des trois pavillons en dôme nous permettent d'en attribuer les dessins à Philibert de l'Orme.

Le bâtiment des *Dômes* fut construit de 1580 à 1585, et la réception en fut faite au mois d'août 1586. A la même époque on creusait la longue ligne de douves qui enveloppe les parcs de Civray et de Chisseau. Ce grand travail, qui ne mesure pas moins de 2,170 mètres de longueur, fut reçu le 23 août 1586 par maître Jehan François, architecte et maître des œuvres de maçonnerie, et grand voyer pour le roi au pays et duché de Touraine. C'est aussi à la même date qu'il faut rattacher la création d'une *levée* le long de la Loire, sur la rive gauche, entre Chaumont et Amboise. Lorsque la reine possédait Chaumont, elle avait déjà fait une chaussée depuis le faubourg de Vienne-lez-Blois jusqu'au pied de son château ; l'acquisition de Chenonceau la détermina à prolonger cette belle route jusqu'à Amboise.

Quelle cause empêcha Catherine de Médicis de terminer les grands projets qu'elle avait rêvés pour sa résidence favorite ?

Est-ce la mort? Est-ce la pénurie d'argent? Est-ce la superstition? Elle était persuadée, dit de Thou, que le jour qui verrait ses bâtiments achevés serait le dernier de sa vie, et elle croyait pouvoir reculer la mort en éloignant le terme de ses vastes entreprises.

Malgré tant d'édifices inachevés, la mort vint la frapper au château de Blois, le 5 janvier 1589, quelques jours après le meurtre du duc de Guise. La veille, dit l'Estoile, elle était adorée et révérée comme la Junon de la cour, mais elle eut à peine rendu le dernier soupir qu'on n'en fit pas plus de cas que d'une chèvre morte. Le corps, mal embaumé et déposé dans l'église Saint-Sauveur de Blois, répandit bientôt une telle odeur, qu'on fut obligé de l'enterrer en pleine terre. Les circonstances ne permettaient pas de le transporter à Saint-Denis, car les Guisards se promettaient tout haut de le traîner à la voirie ou de le jeter à la rivière. Le corps demeura donc là, sans signe extérieur, dans un long oubli, et ce ne fut que vingt ans après, quand les troubles civils furent apaisés, qu'on put le transférer dans les caveaux de Saint-Denis. Et pour comble de disgrâce, pendant que la mère de trois rois attendait dans l'abandon une sépulture honorable, ses créanciers se disputaient ses biens et ses meubles, et vendaient ses hardes à l'encan de Paris!

VII

LA REINE LOUISE

1589-1601

Par son testament, Catherine de Médicis avait légué à sa bru, la reine Louise de Lorraine, la terre de Chenonceau avec tous les meubles qui se trouvaient au château. Louise en fit prendre possession en son nom et en confia la garde à un gentilhomme de Touraine, Gilles de Faverolles. Quelques jours plus tard elle y reçut la cour; mais les événements ne permettaient guère de donner à cette réception le caractère d'une fête.

La guerre civile, en effet, se déchaînait de toutes parts. Henri III, forcé de disputer son royaume à la Ligue, marcha sur Paris, laissant la reine en Touraine. Le 1er août 1589, il fut frappé mortellement par Jacques Clément, et, avant d'expirer, il dicta pour sa femme une lettre touchante, en y ajoutant de sa propre main ces quelques mots : « Mamye, j'espère que je me porteroy très bien; priez Dieu pour moy et ne bougez de là. » Devenue veuve par un coup si soudain et si lamentable, Louise oublia tous les torts de l'indigne époux que la politique lui avait donné, et recevant comme un ordre les dernières paroles du roi mourant, elle se consacra dès lors à une prière et à un deuil perpétuels.

Chenonceau devint sa retraite. La reine s'installa dans la chambre que Catherine avait bâtie sur la terrasse, entre la chapelle et la *librairie;* à côté de son appartement elle fit disposer un petit oratoire qui communiquait directement avec la chapelle par un œil-de-bœuf, afin de pouvoir entendre la messe de son lit, où elle était souvent retenue par ses infirmités. Ces deux pièces étaient entièrement peintes de noir, avec des larmes d'argent, des ossements, des pelles, des pioches, des bières, des devises lugubres et une foule d'autres attributs mortuaires attachés en festons par des cordelières de veuve. Les tentures et le mobilier étaient en rapport avec cette décoration sépulcrale.

C'est au milieu de ce funèbre appareil que la reine Louise passa les onze années de son veuvage et de son deuil, partageant tout son temps entre la prière, la lecture et le travail des mains. Elle n'avait conservé autour d'elle qu'un petit nombre d'amis fidèles, qui s'associaient à sa tristesse et aux pieuses occupations de sa vie. Elle ne sortait de sa retraite que pour monter à l'église de Francueil, où elle allait entendre la messe tous les samedis; le peuple, qui la voyait passer habillée de blanc, suivant l'étiquette du deuil des reines, l'avait surnommée *la reine blanche.*

Une fois, pourtant, elle entreprit un plus long voyage pour aller demander à Henri IV la sépulture de son mari et la punition de ses meurtriers. C'était là son grand souci. Le corps de Henri III avait été déposé, en attendant des jours plus calmes, dans l'abbaye de Saint-Corneille de Compiègne, et la veuve désolée voulait qu'il rejoignît ses ancêtres dans les caveaux de Saint-Denis. Henri IV avait fait de belles promesses, mais quatre années s'étaient écoulées sans aucun résultat. La reine Louise n'hésita point à quitter Chenonceau au milieu de l'hiver de 1593, et se rendit à Mantes pour supplier le roi en personne; puis, consolée par une nouvelle promesse, elle revint prier à Chenonceau.

Ses pieux désirs ne furent point exaucés de son vivant, car Henri IV, trop préoccupé de faire de la politique de concilia- tion, négligea la sépulture de son prédécesseur. Ce ne fut qu'en 1610, quelques semaines après l'assassinat de Henri IV, neuf ans après la mort de Louise de Lorraine, que le duc d'Éper-

non alla prendre à Compiègne le cercueil oublié de son ancien
maître. L'étiquette des funérailles royales exigeait, en effet, que
le corps du roi défunt attendît sur les degrés du funèbre caveau
l'arrivée de son successeur. Ces tristes funérailles, auxquelles
personne ne s'intéressait plus, furent lamentables. Le cercueil
de Henri III resta dans un cabaret jusqu'à l'heure fixée pour la
cérémonie, et les valets avinés, portant d'un pas chancelant
la bière fleurdelisée, la laissèrent tomber au milieu de l'église
de Saint-Denis. La mort épargna à la reine Louise ce douloureux spectacle, qui eût aggravé ses chagrins et renouvelé
son deuil.

En se retirant à Chenonceau, la pauvre reine avait cru échapper à tous les soucis et à tous les tracas du monde. Le monde
la poursuivit jusqu'au fond de son asile et se présenta à elle
sous la figure déplaisante des créanciers et des huissiers.
Henri III, qui prévoyait tous ces embarras, avait vainement
tenté de les prévenir par un acte de la plus arbitraire autorité.
En ratifiant le testament de sa mère et particulièrement la donation de Chenonceau à la reine, il avait rayé d'un trait de
plume, par un incroyable excès de pouvoir, toutes les hypo-
thèques qui grevaient ce domaine, sous prétexte que les autres
biens de la succession étaient suffisants pour l'acquittement
des dettes.

Les événements politiques ne devaient pas tarder à annuler
ces dispositions étranges, et à chasser de Chenonceau la
malheureuse reine qui s'y était réfugiée à l'abri de deux
volontés royales.

Catherine de Médicis, en effet, avait laissé des dettes immenses, s'élevant à plus de 800,000 écus (environ 25 millions
de notre monnaie), et à sa mort, dit Brantôme, on ne lui trouva
pas un seul sol.

Henri IV et sa femme Marguerite, effrayés d'une si lourde
responsabilité, renoncèrent à l'héritage de leur mère, et le
Parlement, ayant déclaré la succession vacante, nomma un
curateur aux biens vacants.

Les créanciers s'empressèrent de faire dresser un inventaire
des meubles et des bijoux de la reine mère dans tous les châ-

teaux qui lui avaient appartenu, et poursuivirent la liquidation
de la succession. Frustrés par la guerre civile de la plupart des
biens de Catherine, ils se jetèrent avec plus d'ardeur sur les
domaines non usurpés. Les huissiers accoururent à Chenonceau,
saisirent la terre, et sommèrent la reine Louise de *déguerpir*,
si elle ne voulait payer le principal de la dette hypothéquée,
avec les arrérages, dépens, dommages et intérêts.

A ce moment intervint Gabrielle d'Estrées. La duchesse de
Beaufort, qui connaissait depuis son enfance cette magnifique
résidence, voulut l'acheter; dans ce but, elle s'entendit avec les
anciens créanciers, qui s'obligèrent, par traité du 24 décembre 1597, à lui faire adjuger la terre pour 22,000 écus.
Les criées de Chenonceau furent donc poursuivies aux termes
de huitaine, quinzaine et quarantaine, selon la coutume du
bailliage d'Amboise, et des affiches et panonceaux aux armes
du roi furent apposés à la porte du château.

Pendant que s'accomplissaient toutes ces formalités désagréables, la reine Louise, qui s'obstinait à se regarder comme
propriétaire légitime de Chenonceau, recevait une visite royale
dans ce château saisi et crié par les huissiers. Au mois de février
1598, Henri IV allait réclamer, les armes à la main, la soumission du dernier des ligueurs, Philippe-Emmanuel de Lorraine,
duc de Mercœur, qui s'était cantonné depuis neuf ans dans son
gouvernement de Bretagne, et prétendait s'y établir en toute
souveraineté, en vertu des droits de sa femme, Marie de Luxembourg, héritière de la maison de Penthièvre. Le roi, accompagné de Gabrielle d'Estrées, s'arrêta en passant à Chenonceau,
et, par l'intermédiaire de la reine Louise, sœur du duc de
Mercœur, il négocia la soumission du prince rebelle. Le traité
de paix fut signé à Angers, le 20 mars 1598; une clause
secrète stipula le mariage de Françoise de Lorraine, fille
unique du duc de Mercœur, avec César de Vendôme, fils de
Henri IV et de Gabrielle, et le royal bâtard fut nommé gouverneur de Bretagne.

La reine Louise, qui avait ménagé cette heureuse réconciliation, voulut mettre son cadeau de noces dans la corbeille des
jeunes fiancés, en leur donnant Chenonceau. Elle demanda donc

à la duchesse de Beaufort de se désister du traité qu'elle avait conclu avec les créanciers de Catherine de Médicis, et Gabrielle s'empressa de la subroger dans tous ses droits. Les créanciers ratifièrent cet acte; mais comme la reine ne présentait pas une garantie suffisante pour le payement des 66,000 livres stipulées, son frère fut obligé de lui servir de caution, et Louise dut vendre ses perles pour payer les arrhes du contrat.

Grâce à ces mesures, Louise de Lorraine put donc se considérer comme à moitié propriétaire de Chenonceau, et par acte du 15 octobre 1598 elle fit donation entre-vifs de la terre de Chenonceau à César de Vendôme et à sa nièce Françoise de Lorraine, en considération de leur futur mariage, et pour laisser témoignage à la postérité du plaisir et du contentement qu'elle en éprouvait; elle ne se réserva que l'usufruit du domaine, sa vie durant. Les fiancés n'étant encore que des enfants, cet acte fut ratifié en leur nom par le roi et par le duc de Mercœur.

Au milieu de ces débats, qui rendaient incertaine la propriété de Chenonceau, la reine Louise, ne pouvant percevoir régulièrement les revenus de cette terre, avait vécu dans une gène cruelle. Elle écrivait au Parlement des lettres navrantes pour solliciter l'expédition de son douaire, et, pour hâter la décision de ses juges, elle ne craignait pas de parler de la *misère* où elle était réduite. Après une longue attente et de pressantes sollicitations, elle obtint enfin pour douaire le Bourbonnais. Elle s'y rendit pour en prendre possession; mais elle n'abandonna pas Chenonceau sans espoir de retour, car elle y laissa une partie notable de ses vêtements. La mort la surprit à Moulins, au milieu de son voyage, le 29 janvier 1601. Son corps fut transféré en 1607 au nouveau couvent des Capucines de Paris, au faubourg Saint-Honoré, et comme si ce malheureux corps était condamné à une destinée errante, il fut transporté plus tard au couvent de la place Louis-le-Grand, puis au cimetière du Père-Lachaise, et enfin dans l'église de Saint-Denis, en 1817.

VIII

MERCŒUR, VENDOME ET CONDÉ

1601-1733

Quelques jours après la mort de la reine Louise, le 20 février 1601, Henri IV fit prendre possession de la justice et de la terre de Chenonceau au nom de son fils César, en vertu de la donation précédente. César Forget, sieur de Baudry, conseiller général des finances du duc de Vendôme, vint à Chenonceau. Assisté du bailli, du procureur fiscal et du greffier, il entra dans l'auditoire où se rendait la justice, et, après avoir exhibé les titres de propriété et ses lettres de procuration, il s'assit sur le siège réservé au seigneur, par représentation de la personne du dit seigneur, en prit possession réelle et saisine, et déclara que désormais tous les actes de juridiction devaient être faits et intitulés : « *De par Monseigneur le duc de Vendôme et sa justice à Chenonceau.* » De là il se transporta à l'église, qu'il fit ouvrir par messire Johan de Nouval, curé de la paroisse, et, après s'être fait indiquer le siège d'honneur où les seigneurs et dames de Chenonceau avaient coutume de se tenir pendant le service divin, près du maître-autel, il s'y mit à genoux en prière, prit possession du droit de patronage de l'église, ordonna de sonner les cloches, et admonesta le curé d'avoir à prier au prône pour le seigneur de Chenonceau, après les prières ordinaires pour le roi et pour la reine. De l'église, César Forget alla au château, dont le pont était levé. Jacques Lallemand, capitaine du château, réclama la lecture des titres de propriété et des lettres de procuration du mandataire, et baissa le pont-levis. Forget demanda les clefs, ouvrit les portes et entra dans les principaux appartements, disant qu'il en prenait possession au nom de son maître. Acte en fut dressé par le notaire Quenard.

Cette prise solennelle de possession ne fut qu'une oiseuse formalité, et le grand nom du roi ne put protéger Chenonceau contre les poursuites des huissiers. Un nombre considérable des créanciers de Catherine de Médicis n'avaient point ratifié la transaction consentie par une partie d'entre eux pour 66,000 livres; ne tenant aucun compte du don fait à César de Vendôme par la reine Louise et de l'acceptation de Henri IV, ils continuaient à percevoir les revenus du domaine et à en poursuivre la vente par adjudication. Il fallut donc que Marie de Luxembourg, veuve de Philippe-Emmanuel de Lorraine, duc de Mercœur, transigeât à son tour avec les créanciers et achetât, à beaux deniers comptants, cette terre léguée par Catherine à Louise, et donnée par Louise à Vendôme : deux actes solennels, où deux reines et deux rois étaient intervenus, condamnés à être caducs. On voit que sous l'ancien régime il y avait aussi des juges à Paris.

Le nouvel acte de transaction fut signé le 21 novembre 1602, pour 96,300 livres. La duchesse douairière de Mercœur abandonna aux créanciers tous les meubles laissés à Chenonceau par Catherine de Médicis, à la réserve toutefois des antiques, marbres et porphyres en œuvre, taillés et non taillés, qui se trouvaient dans la galerie du château. De nouvelles criées et publications de la terre furent recommencées, et, après quatre années de formalités, le 15 novembre 1606, la duchesse fut déclarée adjudicataire de Chenonceau.

Tous les autres biens de la reine mère suivirent la même destinée et furent vendus judiciairement au plus offrant et dernier enchérisseur. Enfin, pour comble d'humiliation, tous les meubles et tous les vêtements de Catherine, appréciés par le crieur public, furent vendus à l'encan de Paris, comme ceux d'un bourgeois ruiné! Ainsi se termina par une véritable banqueroute, après dix-huit années de procédures, la liquidation de la succession de Catherine de Médicis. « O bon Dieu, s'écrie Pasquier, que grands et esmerveillables sont tes secrets ! »

La duchesse de Mercœur avait pris possession provisoire du château de Chenonceau dès l'année 1603, et elle s'était empressée d'y faire exécuter divers travaux assez importants de réparation et d'entretien. Dans cette période brillante de sa fortune, elle ne prévoyait pas qu'elle embellissait à l'avance la retraite où les orages politiques du règne de Louis XIII devaient la forcer à chercher un asile pour sa vieillesse morose et frondeuse.

Ses premiers ennuis commencèrent à l'occasion du mariage de sa fille avec César de Vendôme, mariage auquel elle essaya de se soustraire par orgueil, dans la pensée que la dernière héritière des Penthièvre pouvait nourrir de plus hautes prétentions. Henri IV, qui tenait beaucoup à cette alliance pour son bâtard, réussit enfin, au mois de juillet 1609, à marier César avec Françoise de Lorraine, mais ce ne fut pas sans peine. La mort du roi amena d'autres soucis. Marie de Médicis et son favori Concini virent se former contre eux la coalition redoutable des princes mécontents. Pendant que Vendôme, se jetant à la suite de Condé dans l'opposition, et bientôt dans la révolte, se cantonnait dans son gouvernement de Bretagne, comme son beau-père avait fait vingt ans auparavant, la duchesse de Mercœur s'exilait volontairement avec sa mère, la princesse de Martigues, dans sa terre de Chenonceau, en 1611.

Étrangère en apparence aux cabales, elle ne s'occupa que d'œuvres de piété. Elle fit venir une petite colonie de douze capucines, avec le projet de les établir à Tours, suivant le vœu exprimé de son vivant par la reine Louise. Le corps de ville s'y opposa vivement par politique, et maintint cette affaire en suspens pendant vingt ans. Pendant ce temps, les capucines habitèrent les combles du château de Chenonceau, où on leur avait pratiqué des cellules, un réfectoire, une chambre capitulaire, avec une chapelle. L'entrée de ce petit couvent était défendue contre les profanes par un pont à bascule.

Pendant que la duchesse se livrait à ces soins pieux, le bourg de Chenonceau fut mis en émoi par l'arrivée de Louis XIII, le

19 juillet 1614. Le roi se dirigeait vers la Bretagne pour présider les états et recevoir la soumission de son frère César. Le cortège royal allant dîner à la Bourdaisière, passa superbement à la porte même de Chenonceau, sans daigner s'arrêter chez une princesse qui faisait une sourde opposition au gouvernement et tenait rigueur depuis quatre ans au ministre favori. Marie de Luxembourg fut plus heureuse un an plus tard, et, réconciliée momentanément avec la cour, elle eut l'honneur de recevoir Louis XIII, qui se rendait à Bordeaux au-devant de sa fiancée, l'infante Anne d'Autriche. Les années suivantes, la cour passa assez souvent dans le voisinage de Chenonceau; mais les circonstances politiques et l'attitude hostile des Vendôme ne permirent pas toujours au roi d'accepter l'hospitalité de la duchesse de Mercœur, sauf le 9 août 1619, qu'il accompagna la jeune reine dans la promenade qu'elle fit ce jour-là à Chenonceau pour en visiter le château et les merveilleux jardins.

C'est au milieu de ces alternatives de fidélité et de révolte, et de ces vicissitudes de faveur et de disgrâce, que la duchesse douairière de Mercœur passa à Chenonceau douze années d'un exil volontaire loin de la cour. Ces douze années d'intrigues ne furent pas favorables à Chenonceau; car la politique absorba le temps et les ressources que la duchesse aurait pu consacrer à l'amélioration de la terre et à l'embellissement du château. Les archives nous la montrent inactive pendant cette période. Chenonceau s'enrichit pourtant par l'annexion de la terre de Civray : Marie de Luxembourg reçut ce domaine par héritage de sa mère, Marie de Beaucaire, princesse de Martigues, qui l'avait acheté, en 1603, pour 9,756 livres.

La duchesse de Mercœur mourut en son château d'Anet le 6 septembre 1623, et fut enterrée au couvent des Capucines de Paris. Par sa mort, ses immenses propriétés passèrent à sa fille, Françoise de Lorraine, et à son gendre, César de Vendôme.

Avec la maison de Vendôme commence pour le château de Chenonceau une longue période d'abandon, de délaissement et de ruine. La cour, ayant quitté pour toujours la Touraine, attire à elle les princes et les grands seigneurs. Chenonceau ne sera donc plus qu'une retraite lointaine, où les frondeurs viendront de temps en temps ourdir leurs intrigues, qu'une solitude où les vaincus de la politique se retireront pour dévorer leurs mécomptes. C'est par suite de ces mécomptes que nous voyons Vendôme venir à Chenonceau en 1624, au moment où Richelieu rentrait tout-puissant au conseil ; puis en 1632 et 1633, après les quatre années de prison qu'il avait subies pour ses intrigues dans l'affaire du mariage de Gaston d'Orléans avec Mⁿᵉ de Montpensier. En 1637, c'est le tour du duc de Beaufort, fils puîné du duc de Vendôme : le futur *Roi des halles* y reçut Gaston, toujours mécontent, avec sa fille, et leur offrit un souper splendide de huit services à douze bassins chacun, « si bien servi que, quand ç'auroit été à Paris, l'on n'auroit pu rien faire de mieux ni de plus magnifique. »

Pendant ce temps, Vendôme était en Angleterre, attendant la chute de Richelieu. Le cardinal mourut enfin en 1642, et Louis XIII le suivit de près au tombeau ; mais César eut l'amer déplaisir de voir le timon des affaires passer entre les mains de Mazarin. Cette nouvelle déception le jeta dans la cabale des *Importants*. Bientôt il se décida à faire sa paix avec le premier ministre, moyennant de bonnes conditions, et désormais, satisfait et repu, il s'abstint de toute intrigue. La réconciliation de Vendôme et de Mazarin eut lieu à Chenonceau même, le 14 juillet 1650, au milieu des pompes d'une fête royale. Louis XIV, alors âgé de douze ans, allait en Guienne avec Anne d'Autriche et toute la cour. César offrit l'hospitalité au jeune roi son neveu avec une magnificence princière, et c'est sans doute pour cette réception que fut exécuté le splendide mobilier doré de style Louis XIV qu'on admire encore aujourd'hui dans les salons de Chenonceau, et qui ne compte pas moins de cent soixante pièces d'une haute richesse et d'un beau caractère. Cette visite de Louis XIV est la dernière des visites royales que reçut le château de Chenonceau. Ainsi se termina, par une pompe digne de celui qui devait être le grand roi, cette longue suite de fêtes inaugurées par François Iᵉʳ et poursuivies sans interruption pendant huit règnes consécutifs.

C'est peut-être à Chenonceau, au milieu des plaisirs de cette fête, que fut conçu et négocié le mariage de Louis, duc de Mercœur, fils aîné de Vendôme, avec Laure-Victoire Mancini, l'une des nièces du cardinal Mazarin. Le mariage eut lieu le 4 février 1651, et Chenonceau fut donné en dot aux jeunes époux. Laure mourut six ans après, dans sa vingt-unième année, laissant deux enfants, Louis-Joseph, qui fut le grand Vendôme, et Philippe, grand prieur de France. Son mari la suivit au tombeau en 1669.

Le duc et le chevalier de Vendôme, livrés trop jeunes à eux-mêmes, se précipitèrent avec une telle frénésie dans des désordres et des extravagances de toutes sortes, qu'en moins de trois ans ils compromirent gravement leur immense fortune. La terre de Chenonceau fut séquestrée, comme tous leurs autres biens, et administrée pendant vingt ans par les directeurs de leurs créanciers, qui laissèrent dépérir le château. Ce fut là une triste période pour ce beau domaine, abandonné à des mains rapaces et insouciantes. Heureusement Vendôme, par ses glorieuses campagnes de 1695 à 1697 en Espagne, put relever sa fortune, payer ses dettes, et reprendre l'administration et la jouissance de ses biens séquestrés.

Redevenu maître de Chenonceau en 1696, il fit affermer cette terre par l'abbé de Chaulieu, son mandataire général, à l'un de ses commensaux du Temple, François d'Illiers, dit le chevalier d'Aulnay. Ce bail se transforma l'année suivante en une donation d'usufruit. En renonçant ainsi à la jouissance de Chenonceau, Vendôme enleva toutes les statues que Catherine de Médicis y avait placées, en donna une partie à Louis XIV, qui en embellit Versailles, et transporta le reste à son château d'Anet.

Après la désastreuse campagne de 1708 en Flandre, le grand capitaine, abreuvé de dégoûts et tombé dans la disgrâce du roi, vint passer sur les bords du Cher le printemps de 1709, et chercher, sous les ombrages de Chenonceau, le repos et la santé. Pour payer l'hospitalité du chevalier d'Aulnay, le duc reconnut que, en outre des réparations annuelles obligatoires, l'usufruitier avait fait de son consentement pour 36,500 livres de travaux extraordinaires, dont il devait être remboursé ; de plus, il lui abandonna la propriété de tous les meubles du château, et par conséquent du splendide mobilier qui avait servi à la réception de Louis XIV.

Rajeuni par l'air pur de la Touraine, et fatigué sans doute de son long célibat et de ses honteuses débauches, Vendôme conçut l'étrange pensée de se marier. Il porta ses vues sur une petite-fille du grand Condé, Marie-Anne de Bourbon. C'était, sans doute, une illustre alliance : mais Mlle d'Enghien avait trente-trois ans, de plus elle était extrêmement laide et elle aimait à boire. S'il fallait de l'ambition pour se résoudre à épouser Mlle d'Enghien, il fallait un grand courage pour épouser M. de Vendôme, l'homme le plus défiguré du royaume. Vendôme avait alors cinquante-six ans; il était sans dents, sans cheveux, presque sans nez, et il portait sur son visage les stigmates des implacables maladies dont les médecins les plus experts l'avaient mal guéri. « Mais tout leur fut bon à l'un et à l'autre, dit Saint-Simon, à elle pour avoir du bien et de la liberté, à l'autre par la vanité de se montrer encore assez grand, dans l'état de santé et de disgrâce où il étoit, pour épouser une princesse du sang, qu'il acheta de tout son bien qu'il lui donna par leur contrat de mariage, s'il mouroit avant elle sans enfants, comme toutes les apparences y étoient, et comme cela arriva en effet. » Le contrat fut signé à Marly, le 13 mai 1710, et le mariage fut célébré à Sceaux le surlendemain.

Peu de jours après, le duc de Vendôme partit pour l'Espagne relever le trône chancelant de Philippe V, et par ses succès il rétablit bientôt les affaires. Le soir de la victoire de Villa-Viciosa il offrit au roi un lit de drapeaux ennemis, « le plus beau lit sur lequel roi ait jamais couché. » Lui, qui avait conquis tous ces trophées, il eut pour sa mort une couche moins brillante. Il venait de conduire Philippe V en triomphe à Madrid, lorsqu'une indigestion l'emporta au milieu de ses succès. Quand on le vit au plus mal, ses serviteurs le quittèrent, après l'avoir pillé, et le laissèrent presque seul; il ne demeura près de lui que trois ou quatre des plus bas valets, qui, le jugeant à la dernière extrémité, se saisirent du reste, et, faute de mieux, tirèrent la couverture et les matelas de dessous le moribond. Il leur cria pitoyablement de ne pas le laisser mourir à nu sur sa paillasse, « et je ne sais, dit Saint-Simon, s'il l'obtint. » Ainsi mourut, le 10 juin 1712, l'illustre général qui venait de sauver la monarchie espagnole.

La duchesse douairière de Vendôme mourut sans enfants, en 1718, « tuée, assure Saint-Simon, par l'abus des liqueurs fortes. » Son héritage passa à sa mère, Anne de Bavière, princesse palatine, veuve de Henri-Jules de Bourbon, troisième du nom. Celle-ci céda Chenonceau, en 1720, pour 300,000 livres à son petit-fils, Louis-Henri, duc de Bourbon, prince de Condé. Le nouvel acquéreur fit faire pour 32,000 livres de réparations à Chenonceau. Cette restauration venait fort à propos, car le château, après un siècle de délaissement presque complet, tombait littéralement en ruine. Le duc ne visita ce domaine qu'une seule fois, en revenant de Fontevrault, avec la marquise de Prie et la comtesse d'Egmont, voir sa sœur, Mᵐᵉ de Vermandois, qu'il avait eu la pensée de faire épouser à Louis XV.

Le duc de Bourbon vendit Chenonceau, le 9 juin 1733, à Claude Dupin, fermier général, et à dame Marie-Françoise Guillaume de Fontaine, son épouse, pour 130,000 livres, à la charge de respecter l'usufruit du chevalier d'Aulnay. Dupin transigea avec le chevalier et lui acheta les meubles, les tableaux et les orangers qui garnissaient le château.

M. ET Mme DUPIN

1733-1799

Claude Dupin, issu d'une ancienne famille du Berry, avait commencé sa carrière financière par être simple receveur des tailles et octrois de l'élection de Châteauroux. Rien n'annonçait qu'il dût arriver à une haute fortune, lorsqu'une circonstance romanesque le mit en relation avec le riche et célèbre banquier Samuel Bernard; celui-ci lui fit épouser une fille adultérine qu'il avait eue de Mme de Fontaine, et le pourvut, grâce à son crédit, d'une place de fermier général, en lui servant de caution pour 500,000 livres. Cette alliance était plus avantageuse qu'honorable, car Mme de Fontaine, comédienne connue au théâtre sous le nom de *Manon*, n'était autre que la fille de Florent Carton Dancourt, acteur comique et écrivain dramatique, et de Thérèse Le Noir la Thorillière, comédienne de talent. La sœur de Manon, *Mimi* Dancourt, avait suivi la même carrière que toute sa famille, et obtenu quelques succès au théâtre. Elle épousa Samuel Boutinon, sieur des Hayes et de Courcelles, fils d'un lieutenant général d'artillerie, et elle en eut deux enfants : une fille, qui fut mariée à M. Le Riche de la Popelinière, fermier général, connu par ses infortunes matrimoniales, et un fils, qui fut le père de la comtesse de Guibert.

Enrichis par les fermes générales et par les libéralités de Samuel Bernard, M. et Mme Dupin menèrent un grand train.

Leur maison, dit Jean-Jacques Rousseau, aussi brillante alors qu'aucune autre dans Paris, rassemblait des sociétés auxquelles il ne manquait que d'être un peu moins nombreuses pour être l'élite dans tous les genres. Mme Dupin aimait à voir tous les gens qui jetaient de l'éclat, les grands, les hommes de lettres, les académiciens, les belles femmes. On ne voyait chez elle que ducs, ambassadeurs, cordons bleus. Par les grâces de sa personne, les charmes de son esprit et la fleur de politesse française qui brillait en elle, elle s'était concilié d'illustres amitiés, même dans le monde le plus élevé. Fontenelle, l'abbé de Saint-Pierre, Bernis, Buffon, Voltaire étaient de ses cercles et de ses dîners. Enfin les étrangers de distinction qui passaient à Paris ne manquaient jamais de se faire présenter chez Mme Dupin, dont le salon avait beaucoup de réputation.

Ces liaisons mondaines et littéraires donnèrent moins de célébrité à Mme Dupin que la protection qu'elle accorda à Rousseau. Arrivé à Paris en 1741 avec un nouveau système de noter la musique et quinze louis dans sa poche pour toutes ressources, Jean-Jacques, qui avait été mal accueilli par les savants de l'Académie, s'était introduit chez Mme Dupin. Elle ne tarda pas à le prier de se charger pendant huit jours de son fils Dupin de Chenonceau, en attendant un nouveau gouverneur. Cette charge de précepteur intérimaire ne fut pas sans désagréments. « Je passai ces huit jours, dit Rousseau, dans un supplice que le plaisir d'obéir à Mme Dupin pouvait seul me rendre souffrable, car le pauvre Chenonceau avait dès lors cette mauvaise tête qui a failli déshonorer sa famille et qui l'a fait mourir dans l'île de Bourbon. Pendant que je fus auprès de lui, je l'empêchai de faire du mal à lui-même ou à d'autres, et voilà tout ; encore ne fut-ce pas une médiocre peine, et je ne m'en serais pas chargé huit autres jours de plus. »

Cette corvée finie, Rousseau fut attaché à la famille Dupin, en 1742, en qualité de secrétaire ou plutôt de collaborateur, car tout le monde dans cette maison avait de grandes prétentions littéraires. Claude Dupin voulait faire des livres d'économie politique, et Mme Dupin projetait alors un ouvrage sur le mérite des femmes. Mais (c'est toujours notre philosophe qui parle) les maîtres ne se souciaient pas de lui laisser acquérir une certaine réputation, de peur peut-être qu'on ne supposât, en voyant leurs livres, qu'ils avaient greffé leurs talents sur les siens.

Avec Dupin de Francueil, fils d'un premier mariage de Claude Dupin, Rousseau avait des occupations d'un autre genre. Sans être savant le moins du monde, Francueil aspirait à l'Académie des sciences, et il songeait à faire un livre de chimie qui lui en ouvrît les portes. Jean-Jacques étudiait la chimie avec lui, travaillait au laboratoire, manœuvrait les instruments de physique, apprenait la langue spéciale de ces sciences pour pouvoir la parler sans trop de barbarismes, et tous deux barbouillaient du papier tant bien que mal sur une matière ardue dont ils possédaient à peine les premiers éléments. Le chef-d'œuvre rêvé ne put être mené à terme, et les portes de l'Académie restèrent closes.

Ce furent les portes de l'Opéra qui s'ouvrirent à la place. Francueil aimait beaucoup les arts. Son goût pour la musique lui avait fait nouer des relations avec le monde un peu mêlé du théâtre. Rousseau aimait aussi passionnément la musique, il était même compositeur, et il conjurait son protecteur d'employer son crédit et celui de tous ses amis pour faire recevoir ses ouvrages à l'Opéra, entre autres les *Muses galantes* et le *Devin du village*. Le *Devin* fut représenté pour la première fois sur le théâtre de la cour, à Fontainebleau, avec un prodigieux succès d'engouement. Louis XV, qui était loin d'avoir l'oreille musicale, en fut lui-même charmé, et pendant plusieurs jours il ne cessa de chanter, de la voix la plus fausse de son royaume:

> J'ai perdu mon serviteur;
> J'ai perdu tout mon bonheur.

Jean-Jacques vint passer l'automne de 1747 au château de Chenonceau avec la famille Dupin. On s'amusa beaucoup dans ce beau lieu, nous dit-il. La bonne chère, la musique, le théâtre, la poésie, les promenades se partageaient les journées. La comédie de salon venait d'être mise à la mode par Mme de Pompadour, et Mme Dupin avait fait construire un petit théâtre à l'extrémité de la galerie du premier étage. Rousseau écrivit en quinze jours, pour cette petite scène, une comédie en trois actes, intitulée : l'*Engagement téméraire*. Il y composa aussi plusieurs trios à chanter, et quelques autres ouvrages de moindre importance, entre autres une pièce de vers intitulée : l'*Allée de Sylvie*, du nom d'une allée du parc de Chisseau qui borde le Cher, où l'on voit encore un des gros chênes de Jean-Jacques.

Au milieu des divertissements et des plaisirs de Chenonceau, Rousseau se préoccupait peu de l'enfant qu'allait lui donner Thérèse Le Vasseur, son indigne compagne, ou il n'y songeait que pour secouer ce qu'il appelle les embarras de la marmaille. Effrayé de la gêne où allaient le jeter les devoirs de la paternité, il conçut à Chenonceau l'odieux projet qu'il exécuta à son retour à Paris, et il envoya son enfant à l'hôpital. Mme de Francueil, à qui il avait confié son dessein, essaya vainement de l'en détourner et de réveiller au fond de son cœur le sentiment de la nature. Jean-Jacques lui écrivait pour s'excuser : « Oui, Madame, j'ai mis mes enfants aux Enfants-Trouvés. J'ai chargé de leur entretien l'établissement fait pour cela..... Je leur dois la subsistance : je la leur ai procurée meilleure ou plus sûre au moins que je n'aurais pu la leur donner moi-même. » Que répondre à de telles excuses, si ce n'est par ces autres paroles que le même Rousseau écrivait vingt ans plus tard : « Mais, moi qui parle de famille, d'enfants !... Madame, plaignez ceux qu'un sort de fer prive d'un pareil bonheur ; plaignez-les s'ils ne sont que malheureux ; plaignez-les beaucoup plus s'ils sont coupables..... J'aime mieux expier mes fautes que les excuser. Quand ma raison me dit que j'ai fait dans ma situation ce que j'ai dû faire, je l'en crois moins que mon cœur, qui gémit et qui la dément. » Rousseau avait raison, ce n'était point à lui de parler de famille et d'enfants. Et cependant, par une de ces contradictions singulières qui abondent dans la vie du philosophe, au moment où il tentait, près de Mme de Francueil, la justification impossible que nous avons citée plus haut, il composait pour Mme de Chenonceau, que la mauvaise éducation de son mari faisait trembler pour son fils, le projet de l'*Émile*. Lui, qui ne se croyait pas propre à élever ses enfants, il traçait pour les enfants des autres des règles et un système d'éducation !

Telles furent les relations de Jean-Jacques avec les Dupin. Ces relations ont plus contribué à leur donner une certaine notoriété que tous les ouvrages, aujourd'hui oubliés ou presque disparus, qu'ils ont composés en collaboration anonyme avec Rousseau.

Mᵐᵉ Dupin empruntait aussi la collaboration des autres écrivains qui fréquentaient son salon, et parfois dans des genres bien étrangers à leur talent. Voulant pousser dans le monde un de ses neveux, l'abbé d'Arty, elle intrigua pour lui faire prêcher le panégyrique de saint Louis, le 25 août 1749, dans la chapelle du Louvre, devant la cour et l'Académie. Mais comme elle se défiait, avec raison, des moyens du jeune orateur, elle n'hésita point à demander un sermon à ..... Voltaire, qui n'hésita point à se prêter à cette fantaisie. En envoyant la pièce demandée, il écrivait à Mᵐᵉ Dupin : « Madame, je vous envoie un sermon écrit par une main bien profane ; une main sacerdotale ajoutera ce qui peut y manquer. » Il n'y manquait que l'invocation ordinaire, *Ave, Maria*, et ce fut là toute la part de collaboration de l'abbé d'Arty. Le public ne fut point la dupe de cette supercherie, et reconnut sans peine la plume du philosophe.

En prenant possession de Chenonceau, Claude Dupin s'était empressé de le remettre en bon état, et il consacra à cette restauration une somme de 70,000 livres. Malheureusement, le goût qui dominait à cette époque ne permit pas de le restaurer d'une manière intelligente. Les jardins furent l'objet d'un soin particulier et reprirent leur ancienne physionomie. L'amélioration de la terre ne fut pas négligée ; des vignes à plant de Champagne furent créées, et l'on fit venir un vigneron champenois pour les diriger, et initier à sa méthode les vignerons locaux. Le domaine fut agrandi par une foule de petites acquisitions parcellaires, et plusieurs seigneuries du voisinage, les Vieilles-Cartes, le Petit-Bois, la Pinsonnière, le fief de Vaux ou de l'Ile, les Roches, Cornillau, Grateloup, Brosse, les Coudrais, etc., y furent successivement ajoutées. Dupin acheta aussi à Civray l'hôtel du Petit-Champ, qu'avait bâti Diane de France, fille naturelle de Henri II. Le fermier général songeait même à acquérir la baronnie d'Amboise ; mais ce beau domaine lui fut enlevé par un compétiteur puissant, contre lequel il eût été bien imprudent de lutter : nous voulons dire le duc de Choiseul, qui venait de s'installer à Chanteloup dans le palais presque neuf bâti pour la royauté imaginaire de la princesse des Ursins.

Claude Dupin mourut en 1769, précédé dans la tombe par son second fils, Dupin de Chenonceau, qu'il avait fallu, à cause de ses écarts de conduite, enfermer d'abord à Pierre-Encise, puis exiler à l'Ile-de-France.

Comme son père, Dupin de Francueil fut marié deux fois. De son premier mariage il eut une fille unique, Madeleine-Susanne, qui épousa Pierre-Armand Vallet de Villeneuve, neveu de Mme Dupin, et fut la mère du comte de Villeneuve. En secondes noces, Francueil s'unit à Marie-Aurore, bâtarde de Maurice de Saxe, l'illustre vainqueur de Fontenoy, de Rocoux et de Lawfeld. Marie-Aurore lui donna un fils, Maurice-François-Élisabeth Dupin, qui fut le père de Georges Sand. C'est ainsi que le célèbre écrivain a pu dire, en toute vérité, qu'elle était d'une manière illégitime, mais très réelle, par le maréchal de Saxe, la petite-cousine de Louis XVI, de Louis XVIII et de Charles X. Georges Sand vint à Chenonceau, vers l'année 1842, visiter son cousin germain, le comte de Villeneuve. Elle demanda sans doute l'inspiration aux ombrages qui avaient inspiré Rousseau, son maître littéraire et moral, et elle agita le problème social aux mêmes lieux où le premier avait posé, un siècle auparavant, le problème politique.

Après la mort de son mari, Mme Dupin visita plus fréquemment Chenonceau. Elle s'y fit chérir de tous par une inépuisable libéralité, que relevait une délicatesse exquise dans la manière de donner. Elle s'occupait surtout des pauvres de ses quatre paroisses, leur distribuait des vêtements et les faisait soigner dans leurs maladies par Pierre Bretonneau, maître en chirurgie établi à Saint-Georges. Le fils de ce dernier, Pierre-Fidèle Bretonneau, fut aussi l'objet de sa sollicitude, et elle lui facilita les moyens de poursuivre à Paris ses études de médecine. C'est à elle, on peut le dire, qu'on doit cet homme éminent, qui fut une des gloires de la science médicale contemporaine et une des illustrations de Chenonceau.

Au milieu de ces soins pieux et de ces œuvres de charité, les années s'aggravaient sur la tête de Mme Dupin, et, comme il arrive souvent aux vieillards attardés dans la vie, la solitude se faisait autour d'elle. Son petit-fils, Dupin de Rochefort, mourut en 1788 sans laisser de postérité, et la veuve, désertant la maison de sa belle-mère, ne tarda pas à convoler en secondes noces avec le jeune avocat qui devait être un jour le chancelier Pasquier. De sa nombreuse famille il ne restait plus à cette date à Mme Dupin qu'un seul neveu, Vallet de Villeneuve, trésorier général des domaines de la ville de Paris. Cet unique appui manqua bientôt à la pauvre femme au moment le plus critique. Le trésorier général touchait de trop près aux fermiers généraux pour être épargné par la Révolution, et il n'échappa à l'échafaud que par une mort volontaire.

Mme Dupin n'avait pas attendu les horreurs de la Révolution pour quitter Paris et se réfugier à Chenonceau ; elle avait alors plus de quatre-vingts ans. Le respect universel dont elle était entourée la sauva, et elle eut le bonheur de trouver près d'elle dans le curé de Chenonceau, l'abbé Lecomte, oncle du docteur Bretonneau, un homme de cœur et d'intelligence, dont le dévouement ne lui fit pas défaut dans les moments les plus terribles, sans pouvoir lui épargner toujours les tracasseries et les vexations. Le château fut saisi comme bien domanial ayant appartenu à la couronne ; on n'eut pas de peine à prouver, par la savante procédure de Diane de Poitiers contre Antoine Bohier, que la duchesse de Valentinois l'avait acquis judiciairement, par adjudication, et le séquestre fut levé.

Mme Dupin s'est éteinte doucement à Chenonceau, le 20 novembre 1799, à l'âge de quatre-vingt-douze ans. Le culte n'étant point encore rétabli, ses petits-neveux placèrent son tombeau dans le parc de Francueil, au centre de l'un des cirques créés par Bernard Palissy.

X

LE COMTE DE VILLENEUVE

1799-1863

Arrière-petit-fils de Claude Dupin par sa mère, et petit-neveu de Mme Dupin par son père, M. René Vallet de Villeneuve hérita de Chenonceau en 1799. Né à Paris en 1777, il entrait dans le monde au moment où le vieux monde s'écroulait de toutes parts. Sans appartenir à la haute aristocratie, il avait assez de noblesse et surtout de fortune pour l'échafaud : il n'y échappa que par sa jeunesse. La Terreur venait à peine de se calmer, qu'il épousait, en 1795, sa cousine Adélaïde-Charlotte-Apolline de Guibert, fille unique du comte de Guibert et d'Alexandrine-Louise Boutinon des Hayes de Courcelles.

Jacques-Antoine-Hippolyte, comte de Guibert, a joué un rôle plus bruyant que brillant pendant la seconde moitié du xviiie siècle. Entré dans l'armée à l'âge de treize ans, il fit les six campagnes de la guerre de Sept ans, puis les campagnes de la guerre de Corse, et obtint le brevet de colonel. De retour à Paris, le jeune officier ne tarda pas à tourner toutes les têtes, et surtout celle de Mlle de Lespinasse, à qui il inspira une passion profonde. Il s'occupa activement de littérature, et bientôt, à la lecture de ses premiers ouvrages, la société parisienne se mit pour lui en frais d'enthousiasme. Si ses œuvres littéraires proprement dites sont emphatiques et boursouflées, son *Essai de Tactique* n'est point une œuvre vulgaire, et pour la première fois l'auteur y réduisit en préceptes les grands effets de l'art militaire et la manœuvre des armées. Ce livre fit une vive sensation en France et même en Europe. Le gouvernement français jugea la *Tactique* avec moins d'indulgence, et fut offensé de la hardiesse des idées émises dans le discours préliminaire, où l'auteur traitait des causes de la décadence de l'esprit militaire en France. L'ouvrage fut interdit, et, pour échapper à une lettre de cachet, Guibert prit le parti de passer en Allemagne.

Rentré à Paris en 1773, le comte de Guibert continua à s'occuper de littérature. Ses succès en ce genre le firent entrer en 1786 à l'Académie française, à la place de Thomas, à qui il était digne de succéder par les défauts ordinaires de son style, l'incorrection, l'inégalité, et surtout l'enflure, l'emphase, la fausse chaleur et la déclamation. Cet honneur le consola des mécomptes qu'il venait d'éprouver en qualité de maréchal de camp, comme rapporteur du conseil de guerre. Guibert avait introduit dans ces fonctions délicates un esprit d'innovation, un sentiment d'égalité, une haine du privilége, qui lui attirèrent beaucoup d'ennemis. Des plaintes violentes s'élevèrent de toutes parts contre lui, et il fut forcé de se retirer devant la réprobation générale de l'armée. Le comte de Guibert mourut de chagrin en 1790, au moment où triomphaient les idées libérales qu'il avait soutenues toute sa vie.

Napoléon, qui avait plus d'une fois feuilleté l'*Essai de Tactique,* rechercha la famille de l'auteur. Grâce à cette circonstance, M. de Villeneuve fut chargé de plusieurs missions diplomatiques en Hollande et récompensé de ses services par le titre de comte. Bientôt la jeune comtesse de Villeneuve fut nommée dame du palais de la reine Hortense, et son mari premier chambellan du roi de Hollande. Il dut à ces fonctions d'aller au château de Marrac, sur la frontière d'Espagne, annoncer à Napoléon la naissance du prince Louis, depuis empereur sous le nom de Napoléon III.

Les événements de 1814 interrompirent une carrière qui débutait d'une manière brillante. Retirés à Chenonceau, M. et Mme de Villeneuve s'occupèrent de restaurer cette magnifique résidence, et d'y faire revivre tous les souvenirs historiques qu'elle rappelle.

Devançant leur époque, ils comprirent que dans cette restauration il fallait respecter le caractère du monument ; ils commirent des fautes, sans doute, mais il est juste d'ajouter que personne en France, à cette époque, ne pouvait les guider sûrement dans cette résurrection du style de la Renaissance. Les jardins, dont Mme de Villeneuve avait puisé le goût à la Malmaison, furent pour elle l'objet d'une prédilection particulière : le savant Bretonneau, qui était alors simple officier de santé à Chenonceau, l'aida de ses conseils en cette partie. C'est au milieu de ces charmantes occupations que M. et Mme de Villeneuve vécurent quarante ans, faisant les honneurs du château à tous les visiteurs avec une grâce et une affabilité exquises. A la fin de sa carrière, M. de Villeneuve fut nommé sénateur et chambellan honoraire de Napoléon III.

A côté du comte de Villeneuve se montra longtemps une douce et vénérable figure : nous voulons parler de son gendre, le marquis de la Roche-Aymon. Il descendait d'une des plus vieilles et des plus illustres maisons de France, d'une maison qui, depuis le commencement du xie siècle, associée constamment à notre histoire nationale, a compté dans son sein des hommes d'État, des ambassadeurs, des maréchaux, des princes de l'Église et des saints. Par sa mère, dame du palais de la reine Marie-Antoinette, il appartenait à la non moins illustre famille des Beauvilliers de Saint-Aignan. Son grand-oncle, le cardinal de la Roche-Aymon, grand aumônier de France, avait sacré Louis XVI.

C'est au château des Tuileries, le 7 mars 1779, que naquit M. de la Roche-Aymon. La Révolution le força de s'enfuir à l'étranger pour sauver sa tête, déjà proscrite, quoique bien jeune encore. Il revint quand des jours plus calmes nous furent rendus, et il consacra son épée au service de la France. En 1830, colonel d'état-major de la cavalerie légère de la garde royale, il pouvait se promettre un brillant avenir militaire ; mais, fidèle à ses traditions de famille, il n'hésita pas à donner sa démission et à se retirer à Chesnaie, près d'Athée. Quand les années s'aggravèrent sur sa tête, il vint s'établir à Chenonceau, près de son beau-père, dans le pavillon des Marques. Là il continua à se consacrer, avec un dévouement infatigable, au service du public. Le canton de Bléré était pour lui comme une grande famille, où tout le monde était son obligé, où tout le monde l'aimait.

Le marquis de la Roche-Aymon est mort à Chenonceau le 25 décembre 1862; il fut honoré à ses funérailles d'une démonstration sans exemple de la douleur publique de la part de deux mille étrangers, accourus des communes voisines pour rendre les suprêmes devoirs à l'homme dévoué que tous pleuraient. Le comte de Villeneuve le suivit de près dans la tombe, le 12 février 1863, laissant après lui, ainsi que sa digne compagne, une mémoire vénérée.

Au mois d'avril 1864, les deux héritiers du comte René de Villeneuve, le comte Louis-Armand-Septime Vallet de Villeneuve-Guibert, et sa sœur, la marquise douairière de la Roche-Aymon, ont vendu le château de Chenonceau, les trois parcs, le moulin de Vestin et quelques annexes peu importantes, ainsi que les plans et anciens titres du château, à Mme Marguerite-Henriette-Joséphine Wilson, épouse de M. Eugène-Philippe Pelouze, administrateur de la compagnie parisienne du gaz, fils de l'illustre chimiste, membre de l'Académie des sciences, qui est mort en 1867, directeur de la Monnaie de Paris. La vente a été faite moyennant le prix principal de 850,000 francs. Les meubles meublants, les livres de la bibliothèque, tout le mobilier artistique et la majeure partie des tableaux, ont fait l'objet d'une vente spéciale pour la somme de 95,000 francs.

Mme MARGUERITE PELOUZE

1864

La prise de possession de Chenonceau par Mme Pelouze a ouvert pour le vieux château de Catherine Briçonnet, de Diane de Poitiers et de Catherine de Médicis, une nouvelle ère de rajeunissement et de prospérité, et les arts, les lettres, la politique, associés à des fêtes dignes de la Renaissance, y ont fait revivre sous nos yeux un passé si lointain qu'on le croyait à jamais disparu.

Il n'est pas encore temps de raconter l'histoire de ces dix-huit années; mais dès aujourd'hui il nous semble nécessaire d'esquisser une généalogie qui, sans remonter à plus d'un siècle, est assez remplie d'activité féconde, d'entreprises industrielles, de succès, de travaux parlementaires, de services et d'honneurs publics, pour ,qu'on en puisse tirer un légitime orgueil.

M. Daniel Wilson, père de Mme Pelouze et de M. Wilson, député d'Indre-et-Loire et sous-secrétaire d'État au ministère des finances, est né à Glasgow (Écosse), en 1789. Il vint en France vers l'année 1810, pour y appliquer ses brillantes facultés d'ingénieur. Après avoir débuté au Creuzot, il s'installa à Paris, créa à Charenton, avec M. Manby, une usine pour la fabrication de machines à vapeur, et fonda, avec le même associé, une compagnie anglaise pour l'éclairage de Paris par le gaz. Ces entreprises prospèrèrent et furent l'origine d'une magnifique fortune, dont M. Wilson usa noblement en formant une riche galerie de tableaux qui est aujourd'hui à Chenonceau.

M. Wilson père est décédé en 1849, en laissant deux enfants du mariage qu'il avait contracté en 1835 avec dame Henriette Casenave, sœur de M. Antoine Mathieu Casenave, ancien président à la cour impériale de Paris, et fille d'Antoine Casenave et d'Aimée-Henriette Ducastel.

Antoine Casenave est né à Lambeye (Basses - Pyrénées), en 1763. Il fut député à la Convention nationale par son département. Dans le procès du roi, il parla avec un grand courage pour sauver la tête de cette noble victime, et ne montra pas moins de fermeté en protestant, au péril de sa vie, contre la proscription des Girondins. Après la chute de Robespierre, il fut envoyé en mission dans le département de la Seine-Inférieure, et y déploya toutes les qualités d'un administrateur éminent, plein de sagesse et de modération. Il fut nommé au conseil des Cinq-Cents, en 1797 et 1798, puis au Corps législatif, dont il fut vice-président en 1811. Il rentra dans la vie privée en 1815, et, poursuivi dans sa retraite par la clameur des royalistes exaltés, qui oubliaient sa courageuse attitude dans le sein de la Convention, il n'eut qu'à invoquer, pour se justifier, les noms de tous ceux qu'il avait obligés ou sauvés pendant les mauvais jours de la Révolution. Antoine Casenave est mort en 1818. Il avait épousé Mlle Ducastel, fille et nièce de deux hommes qui ont marqué avec éclat dans nos annales parlementaires.

Jean-Baptiste-Louis Ducastel, né à Rouen en 1739, acquit beaucoup de réputation comme avocat et jurisconsulte. La Révolution le tira de sa province pour l'envoyer en qualité de député à l'Assemblée législative en 1791; il en fut le premier vice-président et le second président, et fut nommé président du comité de législation, distinctions qui indiquent assez en quelle singulière estime il était tenu par ses collègues. Dans toutes les discussions, il se montra toujours plein de modération. Après le 9 thermidor, il fut appelé aux fonctions de professeur de législation à l'École centrale de Rouen et élu, en l'an IV, juré à la haute cour nationale. Il mourut dans sa ville natale, en 1799.

Ducastel avait épousé, en 1774, Marie-Jeanne-Henriette Guesdon, fille d'un avocat de Caen, et il en avait eu une fille, mariée depuis à Antoine Casenave.

La sœur de Mme Ducastel, Louise-Henriette Guesdon, avait épousé Nicolas Vimar, né en 1744 à Mesnières (Seine-Inférieure). D'abord avocat au Parlement de Normandie, puis procureur de la commune de Rouen, en 1790-1791, Vimar fut député à l'Assemblée législative. Le 28 fructidor an V, il fut nommé ministre de la justice, en remplacement de Merlin, mais il refusa d'accepter ces fonctions. Nous le trouvons ensuite, en l'an VI, député de la Seine-Inférieure au conseil des Anciens ; en l'an VIII, membre du Sénat conservateur ; puis, en l'an XII, vice-président du Sénat ; et enfin pair à vie en 1814. Le comte Vimar est mort à Paris en 1829.

Nous arrêtons ici ces détails généalogiques et biographiques, nous bornant à indiquer le précieux héritage qui, de ces quatre familles, est échu à Mme Pelouze et à son frère, c'est-à-dire le culte des arts, le goût des affaires industrielles et des questions économiques et commerciales, et les grandes traditions parlementaires léguées à M. Daniel Wilson par son aïeul, le conventionnel Casenave, vice-président du Corps législatif de 1811, son bisaïeul Ducastel, président de l'Assemblée législative de 1791, et son arrière-grand-oncle Vimar, nommé ministre de la justice et vice-président du Sénat.

Dans le partage de cette noble succession, Mme Pelouze a choisi pour son lot la part la plus charmante et la plus douce, sans être la moins passionnante. Vivement éprise des arts, elle s'est vouée à la restauration de Chenonceau, et elle a consacré sa vie entière à l'achèvement de cette œuvre colossale.

L'architecte adopté par elle était M. Félix Roguet, de Dijon, élève de l'École des Beaux-Arts, architecte de la ville de Paris, très honorablement connu par les beaux travaux qu'il a exécutés. M. Roguet, désireux de restituer Chenonceau tel qu'il était au XVIe siècle, s'est inspiré de tous les éléments que fournit le château lui-même, et de tous ceux qu'on peut recueillir sur les bords de la Loire dans une foule d'œuvres délicates de la Renaissance française.

Mme Pelouze n'est point demeurée étrangère à ces détails, et

elle a acquis promptement, par son étude journalière du château,
par de nombreuses visites aux grands monuments de la Renaissance, et par ses fréquents voyages en Italie, une intelligence très
vive et très sûre des choses de l'architecture et de la décoration
au xvie siècle. Elle a donc pu elle-même inspirer l'architecte et diriger les ouvriers, et l'on peut dire d'elle ce que Philibert de l'Orme
dit de Catherine de Médicis, quand il parle du « bon esprit et jugement qu'elle a très admirable sur le faict des bastimens, comme
il se voit non seulement à Saint-Maur, mais aussi à son palais
qui se construit près le Louvre à Paris. La royne mère, ajoute-
t-il, en fut le principal architecte. » Ces paroles n'ont pas cessé
d'être vraies à Chenonceau.

De ce concours d'efforts est sortie la restauration du château
de Chenonceau, non encore complète, sans doute, mais déjà fort
avancée et dessinée dans ses lignes principales. Nous allons entreprendre la description sommaire de ces magnifiques travaux
artistiques, en visitant méthodiquement le monument qui en a
été l'objet.

La façade du château a subi un remaniement considérable.
Nous savons que Catherine de Médicis avait notablement amplifié
la loge ou terrasse ménagée par Bohier entre la chapelle et la
librairie, et avait jeté sur cette double voûte un vaste appartement à deux étages qui masquait les jours du levant jusqu'aux
mbles. Pour éclairer les pièces ainsi privées d'une grande partie de leur lumière, on avait dû ouvrir deux fenêtres, au lieu
d'une seule, à chacune des chambres du nord. Cette mesure malheureuse avait eu pour résultat de changer les dispositions primitives, de troubler l'harmonie des vides et des pleins, et d'établir en porte-à-faux les grandes lucarnes du toit.

Pour remédier à un état de choses aussi regrettable, la façade
a donc été remaniée dans toute sa hauteur : opération compli-
quée, car il fallut soutenir toute la maçonnerie éventrée, au
moyen d'énormes chevalements appuyés dans le lit du Cher.
Chaque fenêtre a été reconstruite dans sa forme première, partie
en vieux matériaux moulurés, partie en pierres neuves de Villantrois, avec ses meneaux en croisée, ses pilastres cannelés et ses
chapiteaux élégants, ornés de chimères, de dauphins et de volutes.

Les masses ont ainsi retrouvé leur harmonie et leur aplomb.

Le grand balcon de façade au-dessus des deux trompes et de l'encorbellement qui les lie, a aussi été restauré. Ce balcon avait perdu son mur d'appui, détruit par les injures du temps et remplacé par une balustrade en fer. On a refait le couronnement en pierre, avec une décoration imitée de la balustrade aveugle qui figure dans l'entablement du château.

Le remaniement de la façade principale n'a été possible que grâce au rétablissement de la façade du levant dans son état primitif. Les bâtiments élevés de ce côté par Catherine de Médicis ont été démolis, l'arche accolée à celle de Bohier a également disparu, et les deux avant-corps de la chapelle et de la *librairie* ont été dégagés jusqu'à la *loggia*. Ce dégagement a permis de rouvrir les deux fenêtres à meneaux et à pilastres de cette façade, ainsi que la porte-fenêtre de la terrasse, de refaire tout l'entablement mutilé, de rebâtir les deux tourelles sur les traces visibles qu'elles avaient laissées, de disposer dans l'une d'elles un escalier en vis de Saint-Gilles pour desservir la tribune de la chapelle et les appartements supérieurs, et enfin de restituer la balustrade pleine de la loge. Le rétablissement de la terrasse a rendu un charme tout particulier à cette partie du château.

La chapelle a largement profité de ces travaux. Une de ses fenêtres et deux demi-fenêtres, autrefois masquées par les constructions de Catherine, ont été rouvertes et ont reçu trois verrières exécutées par M. Goguelet, peintre verrier à Paris, sur les dessins de M. Steinheil, artiste bien connu pour ses restaurations des vitraux de la Sainte-Chapelle de Paris. Ces verrières représentent saint Guillaume, évêque, sainte Catherine et sainte Marguerite. Les parties inférieures des six autres fenêtres avaient été brisées au moment de la Révolution et remplies d'une maçonnerie grossière. On y a rétabli des médaillons dessinés et peints par les mêmes artistes dans le goût de la Renaissance, avec des écussons entourés d'une couronne de feuillage et de banderoles flottantes.

Les clefs en pendentif de la voûte ont été restaurées avec un soin minutieux par une sorte de travail de marqueterie de pierre; la tribune en bois a été ramenée à ses proportions primitives; la

loge du banc seigneurial, autrefois englobée dans les constructions accessoires de Catherine, a été refaite et rendue à la chapelle ; l'autel, reculé jusqu'au fond à la fin du XVI° siècle, a été
reporté en avant, conformément aux usages liturgiques, pourvu
d'un retable neuf en pierre, et orné en arrière d'une haute lanterne hexagone en bois, richement sculptée dans le goût ogival
du XV° siècle ; le dallage a été rétabli suivant le modèle ancien,
et un escalier en vis a été construit derrière l'autel pour descendre dans le caveau funéraire sis au-dessous de la chapelle.

Ce caveau, livré depuis l'origine à des usages profanes, s'ouvrait autrefois sur les fourières, et n'était qu'une dépendance
des services installés dans les piles du château. On a muré cette
porte, et le caveau a été désormais réservé à une destination
pieuse. Sa voûte en berceau a reçu une décoration en forme de
caissons carrés, par l'encastrement d'un réseau croisé de grosses
nervures moulurées ; chaque caisson est orné de charmants motifs sculptés en stuc. Ce caveau doit abriter un monument funéraire élevé à la mémoire de leurs parents par Mme Pelouze et
M. Daniel Wilson. Le projet en a été préparé par Carpeaux,
qui en a fait à Chenonceau, en 1872, la maquette à la cire.

Enfin, pour terminer cette description des restaurations de la
chapelle, nous dirons que la porte extérieure, du côté de la salle
des Gardes, a été encadrée de pilastres aux chapiteaux finement
sculptés, et surmontée d'une niche à dais qu'accompagnent des
candélabres allumés.

La cheminée de la chambre de Louis XIII a été refaite tout
entière en pierre de Lourdine. Le trumeau est divisé en panneaux par six pilastres en avant-corps, dont les chapiteaux présentent les décorations ordinaires à la Renaissance, chimères,
sirènes, volutes renversées, feuilles d'acanthe, fleurons, culots, etc.
Sur la frise courent des rinceaux élégants, mêlés à des dauphins, à des cornes d'abondance et à des vases. La corniche offre
trois lignes de feuilles d'eau, d'oves et de feuilles d'acanthe.

La chambre de François Ier a reçu une splendide décoration.
Les pilastres, la frise et le tympan en arc surbaissé de la porte
intérieure sont chargés de sculptures délicates aux motifs variés,
parmi lesquels nous ne signalerons que l'écu des Bohier au lion

héraldique, soutenu par deux sirènes aux gaines de feuillage, et les candélabres enflammés du panneau carré.

La cheminée du même appartement offre encore plus de richesse d'ornementation. La grande frise de la base est décorée de dix beaux candélabres chargés de fleurs et de fruits, de douze rinceaux à motifs variés et de trois écussons muets. Le trumeau présente huit pilastres en avant-corps, trois niches à dôme et quatre panneaux oblongs, avec une foule de compositions charmantes, et les lettres couronnées F et C (initiales des noms de François Ier et de la reine Claude), sur des semis de fleurs de lis et d'hermines héraldiques. La frise supérieure, où l'on voit une salamandre et une hermine, couronne dignement cette œuvre remarquable, où l'habileté du ciseau s'unit à la grâce de la composition.

La toilette, de pierre de liais de Tonnerre, placée dans la tourelle d'angle, est aussi une œuvre d'art très intéressante. La table est portée en console par deux enfants ailés, décorés de pendants d'oreilles et de colliers de sequins et de coquilles, avec un corps terminé en gaine de feuillage et en pied de griffon. La tablette supérieure, soutenue par deux consoles en feuilles d'acanthe, présente les initiales M W, liées par des rubans flottants.

Les plafonds sont peints richement sur des fonds enduits à la cire et au blanc de céruse pour recevoir les tons définitifs. Les filets d'or maté, les rechampis en différents tons, les grecques et les entrelacs, heureusement combinés, composent une décoration fort élégante. Le plafond du cabinet de toilette, avec ses médaillons en or mat, ses tables en bleu d'outre-mer bordées d'un filet d'or dentelé, et ses glacis de laque, est encore plus délicat.

Le parquet est formé d'octogones de bois de noyer enchaînés, produisant, par la combinaison de leurs encadrements d'ébène, une série d'hexagones et de carrés; un fleuron en bois d'amarante s'épanouit au milieu de chaque carré.

Les serrureries artistiques en fer forgé et découpé, qui accompagnent les menuiseries neuves, sont posées sur des cuirs dorés, comme à l'époque de la Renaissance.

Le cabinet de bains a été peint à la détrempe sur un encollage par M. Andrieu, élève et collaborateur d'Eugène Delacroix. L'ensemble de la composition représente un cabinet quadrangulaire en treillage doré, tout couvert de fleurs variées, dont les tiges montent et s'entrelacent dans le treillis jusqu'au sommet de la voûte. Les trois panneaux sont occupés par trois sujets de grandeur naturelle, où figurent Vénus couchée dans une conque qui flotte sur la mer, la Nymphe du Cher s'élançant légèrement des brumes matinales du fleuve, et la Nymphe du ruisseau de Vestin épanchant une urne, comme *la Source* de M. Ingres : triple allusion aux bains de mer, aux bains de rivière et aux bains de baignoire.

Le vestibule de Catherine Briçonnet, au premier étage, a été recarrelé en majeure partie avec de très petits carreaux en terre cuite, de onze centimètres de côté, distribués en compartiments. Ces carreaux sont conformes aux modèles anciens posés en 1522 par Jean Marnay. On y voit çà et là, dans un médaillon circulaire, une fleur de lis traversée par une dague.

La chambre des Cinq-Reines, à solives apparentes non moulurées, a reçu un plafond ancien à compartiments triangulaires épanouis en étoile. Ce plafond formait autrefois le lambris des deux appartements de la reine Louise sur la terrasse, avec une décoration toute funèbre : dans les bandes légèrement saillantes qui encadrent les figures triangulaires, couraient, sur un fond noir, des branches de myrte, symbole de l'amour, adopté par la reine Louise et appliqué par elle à son époux défunt; dans les triangles, des cornets d'argent, entourés de bandelettes blanches, versaient des larmes d'argent sur un champ noir. Cette décoration originale va revivre dans ses lignes, mais en perdant ce qu'elle a de trop lugubre par le ton du fond.

La galerie Louis XIV, au premier étage, a vu disparaître les petites chambres établies par Mme Dupin et le théâtre de Jean-Jacques qui l'occupaient naguère tout entière, en lui enlevant tout cachet artistique.

Les deux cheminées qui ornent les extrémités de cette galerie ont reçu une riche décoration allégorique. La première, en entrant, est consacrée au souvenir de Henri II et des victoires remportées par ce prince sur les ennemis du dedans et du dehors. Deux captifs sont enchaînés au-dessus des frontons coupés, au pied de trophées d'armes. Au-dessous est l'écu de France plein, surmonté de la couronne fermée en couronne impériale (que François Ier venait d'adopter comme protestation contre Charles-Quint), entouré du cordon de l'ordre de Saint-Michel, et accompagné de branches de palmier et d'olivier dans lesquelles s'enroule cette devise, traduction de l'idée générale de la composition : HOSTIBVS INTRA EXTRAQVE DEVICTIS.

La cheminée du fond, dédiée à Catherine de Médicis, présente des dispositions analogues. De chaque côté du cadre se dressent des trophées vides de cuirasses et de casques, sur un fond d'armes variées. C'est le symbole de la paix. Au-dessous s'épanouit l'écusson des Médicis, surmonté de la couronne grand-ducale italienne, où brille la fleur de lis florentine aux étamines à tête saillante entre les fleurons, avec cette devise qui exprime les trois grandes passions de la reine, les lettres, les arts et la politique : LITTERIS, ARTIBVS AC REBVS PVBLICIS.

Les menuiseries et les ferrures des dix-huit fenêtres de la galerie ont été entièrement renouvelées d'après un modèle ancien subsistant en place dans les coulisses du théâtre.

L'escalier qui monte au second étage a été construit à neuf en 1869-1870, et copié de l'escalier inférieur avec un goût et une habileté qu'on ne saurait trop louer. La voûte à panneaux carrés parfaitement appareillée, les moulures qui la divisent, les médaillons sculptés qui en décorent les intersections, les pendentifs à consoles ajourées, les angelots et les culots qui supportent la retombée des nervures, enfin les trois grands médaillons des fronts de l'escalier, tout a été exécuté dans l'esprit le plus pur de la Renaissance française. Cet escalier est sans contredit une des œuvres les plus exquises de la restauration de Chenonceau.

Le vestibule de Bourbon-Condé, au second étage, a été rétabli en briques intercalées entre les montants du colombage légèrement saillants sur le fond et liés avec les solives apparentes du plafond par des arcs de bois ajourés. La peinture rouge du bois tranche doucement avec les fresques de ton orangé appliquées sur le briquetage des murs.

Le pont-levis de l'ancien couvent des Capucines a été reconstruit dans les combles, à titre de souvenir historique.

Les charpentes, les toitures et les plombs ont subi une réfection complète, nécessitée par le mauvais état de toutes ces parties. Les cheminées ont été rétablies dans toute leur première magnificence, avec les niches à coquille, les fleurons, les colonnettes, les denticules, etc., qui font de ces tuyaux, partout ailleurs si ingrats, de véritables monuments.

Dans la tour des Marques nous mentionnerons, comme restaurations récentes, la tenture en toile peinte au pochoir de la chambre du concierge, le lambris de chêne sculpté et les peintures du plafond de la chambre du premier étage.

Le mur de la douve, près de la tour, a été rectifié et rebâti, et le troisième côté de la même douve a été creusé et approfondi pour recevoir une dérivation du Cher, de manière à établir la circulation des eaux tout autour de la cour d'honneur du château. C'est le port des bateaux de pêche et des bateaux de plaisance. Près du quai se dressera un grand pieu arraché aux lagunes de Venise, tenant attachée une gondole vénitienne et supportant une lanterne copiée d'après la charmante lanterne de la Renaissance qui éclairait l'abordage de la Piazzetta de Saint-Marc; à l'entrée du port on a fixé, à l'angle du parterre de Diane, un autre fanal en fer forgé exécuté d'après celui du palais Contarini à Venise.

Le bâtiment des Dômes, avec ses deux corps et ses trois pavillons, a été entièrement remanié pour l'établissement du service des écuries, et a reçu en façade neuf portes et seize fenêtres à meneaux croisés au rez-de-chaussée, huit lucarnes simples à demi engagées dans la toiture, et cinq fenêtres à meneaux dans les pavillons au premier étage. La description de tous ces travaux nous entraînerait beaucoup trop loin. Bornons-nous à dire que les menuiseries, les serrureries, les peintures, les stucs, les fontaines, en un mot tous les détails, ont été traités avec le plus grand soin.

Toute la charpente des Dômes avait été profondément modifiée au siècle dernier. L'architecte l'a rétablie sous son ancienne forme à la Philibert, qui rappelle, dans les pavillons surtout, les lignes de la couronne fermée, dite couronne impériale. Ainsi disposée, la charpente, avec ses chevrons à double courbure, représente exactement la carène renversée d'un navire. La couverture, en très petites ardoises alternativement arrondies et carrées, rangées en lignes horizontales, épouse admirablement les formes fuyantes de la charpente. C'est un modèle du genre.

Les parcs, longtemps abandonnés à tout le désordre d'une végétation luxuriante, ou défrichés partiellement, ont été aménagés de nouveau et replantés en 1867. On a retrouvé sous bois les grandes avenues d'autrefois, qui forment aujourd'hui des promenoirs de plusieurs kilomètres de développement. L'ancien *dedalus* ou labyrinthe a été dessiné de nouveau et rétabli par M. Wilson sur le même emplacement.

Le vieux jardin vert n'a encore subi aucune modification. On y a seulement introduit un groupe traité dans le goût des statues décoratives des jardins italiens, monté pour le fond en briques et mortier, et recouvert de poussière de marbre blanc appliquée à la spatule.

Le parterre de Diane est en train de reprendre sa distribution primitive en compartiments réguliers et sa physionomie italienne. Un grand arbre, dont le vaste branchage couvrait près de deux ares, aurait troublé toutes les dispositions projetées. C'est un vieux chêne vert, datant de l'époque de Catherine de Médicis, et mesurant près de 4 mètres de pourtour au niveau du sol. On l'a transporté dans le parc, à 130 mètres de distance, par-dessus une douve large de 9 mètres. La motte n'avait pas moins de 110 mètres carrés, sur une épaisseur d'environ 1 mètre 30 centimètres, soit un cube de 143 mètres. Ce difficile travail a été habilement exécuté au mois de mai 1867, au moyen de treuils et de cordages. L'arbre a repris sans peine, et a continué à se montrer verdoyant et vigoureux. Toutefois, le terrible hiver de 1879-1880 l'a rudement éprouvé; mais il commence à repousser de toutes parts.

Les matériaux employés dans les travaux de Chenonceau sont les suivants : la pierre blanche tendre de Villantrois, pour toutes les parties lisses, tant à l'extérieur qu'à l'intérieur; la pierre blanche dure de la carrière de Lye, pour toutes les parties moulurées et sculptées ; la pierre de Lourdine, pour les chambres de Louis XIII et de François Ier; la pierre grise dure de Loches, pour les travaux de résistance, et la pierre tendre de Bourré, pour le bâtiment des Dômes.

Nommons en terminant les principaux artistes et maîtres ouvriers qui ont collaboré à la restauration de Chenonceau. Ce sont : MM. Tertissier, maître maçon et appareilleur; Perrier, Pommier, Libersac, Husquin, Guesdon, L. Borie, E. Vichot, L. Breuil, Geoffroy, Depont, statuaires et sculpteurs; Manceau, Al. Deschamps, Guérin, Vaslin, ravaleurs; Loizeau et Fouassier, stucateurs; G. et Cl. Vivet, Bracquemond, Philippart, Vauvray, peintres; Lamy, Perron, Martin, Bonnet, menuisiers ; Everaert, Bricard et Sterlin, Durand, Tavernier, Adam, serruriers; Georges et Renard, charpentiers; Adam, Monduy et Béchet, Sabin, Grados et Fra, couvreurs et plombiers.

La restauration du château n'a pas coûté jusqu'à présent moins de 1,500,000 francs. Ce chiffre énorme n'effraye point la femme de goût qui s'est vouée avec passion au rajeunissement de Chenonceau. Dans quelques années, ce chef-d'œuvre de la Renaissance française, bâti par trois femmes éminentes, Catherine Briçonnet, Diane de Poitiers et Catherine de Médicis, aura repris la physionomie de son premier âge. Par une heureuse loi de sa destinée, c'est à la main d'une femme qu'il devra ce regain de vie et d'honneur.

TABLE

IMPRIMERIE PAUL BOUSREZ, 5, RUE DE LUCE, A TOURS

www.ingramcontent.com/pod-product-compliance
Lightning Source LLC
Chambersburg PA
CBHW070021110426

42741CB00034B/2277